KB097921

내가 사랑한 여자

내가 사랑한 여자　　　2012년 7월 20일 초판 1쇄 발행

지은이
김미월 공선옥

펴낸이　　**펴낸곳**　　　**등록**
조성웅　　　도서출판 유유　제141-90-32459호(2010년 5월 18일)

주소
경기도 파주시 문발동 560 숲속길마을
동문굿모닝힐 302동 102호 (우편번호 413-782)

전화　　　　　**팩스**　　　　　　**홈페이지**　　　　**전자우편**
070-8701-4800　0303-3444-4645 uupress.co.kr　uupress@gmail.com

편집　　　　**디자인**　　　**제작**
모지은 조형희　이기준　　　(주)재원프린팅

© 김미월 공선옥 2012
ISBN 978-89-967766-2-8 03990

− 이 도서의 국립중앙도서관 출판시도서목록(CIP)은 e-CIP 홈페이지
 (www.nl.go.kr/ecip)와 국가자료공동목록시스템(www.nl.go.kr/kolisnet)에서
 이용하실 수 있습니다.(CIP제어번호: CIP2012003101)
− 이 책은 『생활 속의 이야기』에 2007년 1·2월호부터 2011년 1·2월호까지
 연재된 글을 엮은 것입니다.
− 이 책에 수록된 사진 중 일부는 원저작권자를 확보하기 위한 노력에도
 불구하고 권리자의 허가를 확보하지 못한 상태로 출간되었습니다.
 저작권자가 확인될 시 최선을 다해 협의하겠습니다.

김미월 산문집

내가
사랑한
여자

머리말

첫 산문집이다. 더 구체적으로 말하면 소설 이외 장르로
는 처음 출간하는 책이다. 소설을 쓸 때는 소설만 쓰기 어
려운 줄 알았더니, 산문을 쓰면서 산문도 소설만큼이나 쓰
기 어렵다는 것을, 그러니까 어쩌면 세상에 쓰기 쉬운 글
이란 없으리라는 것을 깨달았다. 나는 얼마나 무지하고 오
만했던지.

잡지에 이 산문들을 연재한 2009년 봄에서 2011년 봄까
지 꽤 많은 책들을 샀다. 내가 사랑한 여자들에 대해 쓰기

위해서는 먼저 그들에 대해 읽어야 했기 때문이다. 그들을 상상하고 추억하는 동안 나는 자주 혼란스러웠다. 그들의 삶이 너무나 비극적이어서, 그럼에도 그들의 고귀함과 아름다움과 강인함은 훼손되지 않는다는 것이 너무나 희극적이어서, 나는 어떤 표정을 지어야 할지 자주 헷갈렸다. 분명한 것은 그들에 대한 책을 읽고 글을 쓰면서 내가 이미 사랑해온 그들을 더더욱 사랑하게 되었다는 사실이다.

사랑하지만 이 책에서 다루지 못한 여자들이 적지 않다. 그러나 그들에 대해 쓰지 못한 것을 아쉬워하기보다, 미처 다 쓰지 못할 만큼 세상에 내가 사랑하는 여자가 그리도 많다는 것을 기뻐하고 싶다. 그리고 일찍이 작가가 되기 전부터 흠모하고 존경해온 소설가 공선옥 선배님과 그들에 대한 책을 함께 펴낼 수 있게 되었다는 것 또한 기쁜 일이다.

내가 사랑한 여자.

이 제목 아래 첫 산문을 쓰던 때나 마지막 산문을 쓰던 때나 생각의 끝은 늘 같았다. 뭐니 뭐니 해도 역시 내가 가장 사랑하는 여자는 내 어머니라는 것. 순박하고 촌스럽고 억세고 그러면서 여전히 수줍음이 많은 내 어머니께 이 책을 드리고 싶다.

2012년 7월
김미월

〔 차례 〕

조선이 품기에는 너무 크고 아름다웠던

허난설헌

버스가 굽이굽이 산길을 돌았다. 차창 밖으로 서울을 벗어나면서부터 흩날리기 시작한 눈발이 점점 굵어졌다. 선배와 나의 목적지는 경기도 광주시 초월읍 지월리. 승객이라고는 우리 외에 나이 지긋한 촌로 서넛이 전부인 버스 안은 고요하기만 했다.

"왜 천재들은 스물일곱 살에 죽을까?"

이상이니 커트 코베인이니 지미 핸드릭스, 재니스 조플린 등을 주워섬기던 선배가 잠시 말을 끊었다 이었다. 허난설헌도 그렇지 않느냐고. 나는 창밖만 바라보았다. 그렇다. 그녀도 스물일곱에 세상을 떴다. 본명 허초희許楚姬. 조선 최초의 여성 시인. 스물일곱에 요절한 비운의 천재. 중국과 일본에서는 지금도 한중일 최고의 작가로 꼽힌다던가. 창밖의 함박눈을 바라보며 나는 새삼 그녀에 대해 생각했다. 난설헌蘭雪軒이라는 호의 아름다움에 대해, 그 호만큼이나 참혹하게 아름다웠던 그녀의 문학에 대해, 그리고 시대와의 불화로 불행했던 그녀의 삶에 대해서.

허난설헌의 고향은 강릉이다. 그곳은 나의 고향이기도 하다. '강릉' 하면 사람들은 으레 감탄사부터 내지른다. 그러고는 경포대와 정동진, 오죽헌과 초당두부를 이야기한다. 맞다. 모두 강릉의 명물이요 자랑거리다. 하지만 오죽헌에서 신사임당을 떠올리기는 쉬워도 초당에서 허난설헌을 떠올리기는 쉽지 않다.

그 유명한 초당두부의 '초당'草堂은 난설헌의 아버지 허엽의 호다. 당파싸움에 밀려 강원도 오지 강릉으로 쫓겨

내려온 그는 관가 마당에서 솟는 샘물 맛이 유난히 좋은 것에 착안하여 그 물로 두부를 만든다. 그것이 크게 사랑받으면서 자연히 허엽의 호를 따 초당두부로 불리게 되고 후에 마을 이름도 초당동이 된 것이다. 난설헌은 그 마을에서 태어났다. 지금도 초당동에는 그녀의 생가가 그대로 남아 있다. 그러나 그곳을 알고 찾는 이는 드물다. 신사임당 같은 현모양처를 떠받드는 남성 중심 세계관에서 볼 때 난설헌은 위험하고 불온한 인물이었다. 여성으로서 내조와 육아에 전념하기보다, 인간으로서 남존여비 사회의 부조리를 비판하고 자유로운 예술혼을 불태우고자 했으니 말이다. 그러니 오죽헌에 비해 초당동 생가가 상대적으로 푸대접받을 수밖에.

이름난 문장가였던 아버지와 형제들의 배려로 난설헌은 왕가의 공주들도 언문이나 겨우 떼던 그 시대에 한시를 배울 수 있었다. 그녀의 재주는 어릴 때부터 남달랐다. 불과 여덟 살 때 「광한전 백옥루 상량문」廣寒殿白玉樓上樑文을 지어 세상을 놀라게 했는데, 그것은 신선이 산다는 달의

광한전에 백옥루를 짓는다고 상상하고 쓴 그 건물의 상량문이었다.

그러나 빼어난 재능은 오히려 그녀를 한층 불행하게 했다. 열다섯 살에 그녀는 안동 김씨 명문가의 김성립과 결혼했다. 시어머니는 책을 좋아하는 며느리가 못마땅해 시집살이를 호되게 시켰고 남편은 자신보다 총명한 부인에게 열등감을 느껴 밖으로만 나돌았다. 그 쓸쓸하고 답답한 삶을 난설헌은 시로 옮겼다. 우리 고등학교 국어교과서에도 실린 「규원가」閨怨歌가 그중 하나다.

그러나 난설헌 문학의 정수는 양반가 부녀자들이 남편에게 사랑받지 못하고 외로이 늙어가는 처지를 한탄하는 글인 규방가사에 있지 않다. 현전하는 그녀의 시 200여 편은 대부분 당나라 시의 호방한 기개와 도교의 신선사상을 담고 있다. 그것들은 우리나라에서는 제대로 이해되지도 않고 언급되지도 않는다. 아직도 남성 중심의 사고에 치우친 우리의 교과서는 그녀를 규방문학을 이끈 조선의 여류시인 정도로 규정할 뿐이다. 난설헌의 진가를 일찍이 알아본 것은 우리나라가 아니라 중국과 일본이었다. 그녀의 남동생이자 『홍길동전』의 작가인 허균이 누이의 시들을 명나라 사신들에게 선보였고 그것이 작품성을 인정받으면서 그녀 사후 18년 만인 1606년, 중국에서 『난설헌집』으로 간행되었던 것이다. 1711년에는 일본에서도 간행되었으니 이는 외국에서 우리 여성 시인의 책이 발간된 최초의 예였다. 허난설헌이야말로 우리나라 최초의 국제적 작가요, 한류스타였던 셈이다.

갑자기 버스가 멈춰 섰다. 기사 아저씨가 이르기를, 눈이 너무 많이 와서 차가 더는 못 간단다. 우리는 어리둥절한 채로 폭설이 쏟아지는 산길 한가운데 버려지듯 남겨졌다. 선배가 차에서 함께 내린 마을 노인들에게 길을 물었다.

"뭐? 누구 무덤이라고?"

"허난설헌? 그게 누구여?"

그분들은 난설헌에 대해 아는 바가 없었다. 우리는 버스가 가던 방향으로 무작정 걸었다. 눈 속에 발이 푹푹 빠졌다. 바람이 세찼다. 산길을 따라 한참 걷다보니 식당이 나타났다. 백숙이며 도토리묵, 막걸리 등을 파는 곳이었다. 우리는 그곳에서 늦은 점심을 먹었다.

"글쎄, 그런 무덤이 있단 얘긴 한번도 못 들어봤는데."

그 동네에서 나고 자랐다는 식당 주인조차 고개를 저었다. 한숨이 나왔다. 이것이 오늘날 조선 최초의 천재 여성 시인을 기리는 우리 후손들의 자세였다. 선배와 나는 더더욱 포기할 수 없었다. 주민들에게 길 묻기를 수차례, 잘못된 정보로 엉뚱한 곳에 갔다 돌아오기를 수차례, 변변한 이정표도 없는 동네를 수십 분간 헤매며 언덕을 올라 다리를 건너 산길로 접어들었다가 고속도로 아래 지하도를 지나 천신만고 끝에 아아, 드디어 목적지에 다다랐다.

허난설헌의 묘. 봉분 앞 비석에 새겨진 그녀의 시가 눈발에 젖고 있었다. 우리는 그녀를 위해 묵념을 올렸다. 찾는 이는 없어도 돌보는 이는 있는지 묘역은 단정하고 깔끔했다. 그녀 묘 바로 옆의 조그만 아기 무덤 두 기基가 눈에 띄었다. 그녀의 딸과 아들의 무덤이었다. 위쪽에는 남편 김성

조선이 품기에는 너무 크고 아름다웠던 ─────

립의 묘도 있었다. 어처구니없게도 그것은 난설헌이 죽은
후 맞은 두 번째 부인과의 합장묘였다. 하기야 난설헌이 가
문의 대를 잇지 못했으니 그랬겠지 짐작하면서도 나는 분
했다. 죽어서도 그녀를 혼자 두는 김성립이 얄미웠다.

그들 부부의 일화 하나가 떠올랐다. 그가 접接(과거에 응시
하는 유생이나 글방 학생들이 함께 공부하는 모임)에 간다며 기생집으로
간 후 난설헌은 다음과 같은 편지를 그에게 보냈다고 한다.

옛날의 접은 재주가 있었으나 　　　　　古之接有才

요즘의 접은 재주가 없구나 　　　　　今之接無才

파자破字를 이용하여 원래의 접接에서 재才가 빠지니 첩妾
만 남았다는 글로 그의 방탕함을 나무란 것이다. 그 얼마
나 재치 있고도 날카로운 꾸짖음인가.

난설헌은 결혼생활뿐 아니라 가족사도 평탄치 않았다.
열여덟에 아버지가 객사하고 어머니마저 숨을 거두었으며
스물한 살 때에는 오빠가 귀양을 갔다. 그녀가 의지할 데

라고는 자식뿐이었는데 그들마저 어미보다 먼저 세상을 떴다. 그녀는 참척慘慽의 한을 이겨내고자 창작에 몰두했다. 그리고 세상 사람들의 불행이 개인의 문제라기보다 기형적인 사회구조의 문제임을 깨달았다. 양반과 상민, 남성과 여성, 부자와 빈자, 이 모든 계층 간의 불평등에 분노한 그녀는 시대의 모순과 억압을 시로 고발하고 그에 저항했다. 시 「빈녀음」貧女吟도 이 시기에 쓰인 것이다.

얼굴 맵시야 어찌 남에게 떨어지랴 　　岦是乏容色
바느질에 길쌈 솜씨도 모두 좋건만, 　　工鍼復工織
가난한 집안에서 자라난 탓에 　　少小長寒門
중매할미 모두 나를 몰라준다오. 　　良媒不相識

춥고 굶주려도 얼굴에 내색 않고 　　不帶寒餓色
하루 내내 창가에서 베만 짠다네. 　　盡日當窓織
부모님만은 가엾다고 생각하시지만 　　唯有父母憐
이웃의 남들이야 나를 어찌 알랴. 　　四隣何會識

밤늦도록 쉬지 않고 베를 짜노라니　　　　夜久織未休

베틀 소리만 삐걱삐걱 처량하게 울리네.　　戛戛鳴寒機

베틀에는 베가 한 필 짜여 있지만　　　　機中一匹練

결국 누구의 옷감 되려나.　　　　　　　終作阿誰衣

손에다 가위 쥐고 옷감을 마르면　　　　手把金剪刀

밤도 차가워 열 손가락 곱아오네.　　　　夜寒十指直

남들 위해 시집갈 옷 짓는다지만　　　　爲人作嫁衣

해마다 나는 홀로 잠을 잔다오.　　　　　年年還獨宿

그녀의 시비를 쓰다듬었다. 단단한 비석보다 차고 폭신폭신한 눈이 먼저 손끝에 닿았다.

"하고 싶은 말을 여기다 적어봐."

선배가 가리킨 것은 무덤 앞의 상돌이었다. 그 위로 눈이 소복이 쌓이고 또 쌓였다. 나는 그저 웃기만 했다. 웃으면서 그녀의 시비에 다시 한 번 눈길을 주었다.

연꽃 스물일곱 송이 붉게 떨어지니 芙蓉三九朶

달빛 서리 위에서 차갑기만 해라. 紅墮月霜寒

　그것은 난설헌이 스물세 살에 자신의 죽음을 예감하고 쓴 시 「몽유광상산」夢遊廣桑山이었다. 그녀는 과연 시의 내용대로 숨을 거두었다. 스물일곱 살 되던 해의 삼월 열아흐렛날, 목욕하고 새 옷으로 갈아입더니 몸에 아무 병도 없는데 그대로 눈을 감은 것이다. 유언에 따라 그녀의 모든 시는 불태워졌다. 일부가 친정에 남아 있지 않았다면 오늘날 우리는 허난설헌 문학의 풍성하고도 고귀한 과일을 단 한 조각도 누릴 수 없었을 것이다.

　이윽고 나는 허리를 굽혔다. 눈 쌓인 상돌 위에 손가락으로 천천히 썼다. 평안할 안安 한 글자를. 꿈일까. 순간 무덤 너머 어디선가 상서로운 향기가 풍겨오는 듯했다. 난설헌 그 이름처럼 고매하고도 아름다운, 눈 속의 난초 향 같은 것이 말이다. 그날 오후의 기억이 십수 년이 지난 지금도 생생한 것은 그 향기 때문이 아닐까.

조선이 품기에는 너무 크고 아름다웠던 ────

허난설헌, 저 세상에서라도 부디 평안하시기를 두 손 모아 빈다. ●

허난설헌

許蘭雪軒, 1563~1589

시인·화가 ● 명종 18년 강릉에서 허엽의 3남 3녀 중 셋째
딸로 태어났다. 난설헌의 집안은 모두 문장에 뛰어났는데, 아버지
허엽을 비롯해 허난설헌, 오빠인 허성과 허봉, 남동생이자
『홍길동전』의 저자인 허균까지, '허씨 5문장'으로 불렸다고
한다. 어릴 때부터 글재주가 뛰어났던 그녀는 아버지 밑에서
오빠, 동생과 함께 글을 익혔고, 당대 최고의 시인 이달에게 시를
배웠다. ● 몰락하는 집안에 대한 안타까움과 자식 잃은 아픔,
부부간의 불화와 여성에 대한 사회의 억압 등의 절망에서 벗어나기
위해 시쓰기에 매달린 그녀는 200여 수의 작품을 남겼다. 또한
〈앙간비금도〉, 〈묵조도〉 등의 그림도 전해지고 있다. ● 선조
22년, 27세로 생을 마감한 허난설헌의 작품 일부를 동생 허균이
명나라 시인 주지번에게 주어 중국에서 시집 『난설헌집』이
간행되었다. ● 허난설헌은 현모양처였거나 성공한 자식을
두어서가 아니라 오로지 그녀가 창작한 시가 탁월했기 때문에
그 이름을 남겼고, 훗날 그녀의 시는 중국, 일본에서 격찬을 받으며
오랫동안 애송되었다.

『허난설헌 시집』, 허경진 옮김, 평민사, 2008
『허난설헌 평전』, 장정룡 지음, 새문사, 2007

조선이 품기에는 너무 크고 아름다웠던 ───

그녀 없이도 정원의 꽃이 필까

타샤 튜더

몇 해 전 여름이었을 것이다.

타샤 튜더 사망.

신문 한 귀퉁이에서 그녀의 부고를 접하고 나는 잠시 어리둥절했다. 빨강머리 앤 사망, 혹은 들장미 소녀 캔디 사망, 그런 황당한 기사를 대한 느낌이었다고 할까.

물론 타샤는 현실세계의 인간이다. 나고 죽는 숨탄것의 운명을 그녀라고 피해 갈 수는 없었을 것이다. 게다가 당시 우리 나이로 94세였으니 천수를 누렸다면 누렸다. 그럼에도 나는 그녀의 죽음을 믿기 어려웠다. 상상이 되지 않았던 것이다. 그녀가 없는 정원이라니. 꽃들은 어떡하지? 나무들은? 강아지들은? 염소와 닭과 고양이와 비둘기 들은?

나는 타샤가 언제나 그 자리에 있을 줄 알았다. 일 년 내내 꽃이 지지 않는 정원에서, 코기Cogi 새끼들과 함께, 흙 묻은 맨발로 거닐며, 씨앗을 뿌리고 꽃을 꺾고 열매를 따고 있으리라 믿었다. 100살에도 200살에도 변함없이. 동화 속 주인공들이 죽지 않고 영원히 살아 있는 것처럼 말이다. 하기야 그녀의 삶보다 더한 동화가 어디 있으랴.

타샤 튜더는 미국의 동화작가이자 화가다. 그녀는 '코기빌'Corgiville 시리즈를 비롯한 동화들을 썼고 『소공녀』와 『비밀의 화원』 등에 그림을 그리며 100여 권의 책을 펴냈다. 칼데콧 상을 두 차례나 받았는가 하면 그녀의 그림이 백악관의 공식 성탄카드에 쓰이기도 했다. 하지만 타샤가 전 세계적으로 큰 사랑을 받은 것은 비단 그녀의 작품이 훌륭해서만은 아니었다. 최첨단, 인공지능, 신기술, 초고속 같은 수식어들이 범람하는 21세기에 수공업과 자연친화, 느림과 소박함을 내세운 그녀의 19세기적 생활방식이 사람들에게 충격과 향수를 동시에 불러일으킨 덕분이었다.

나는 정원을 무척 좋아해요. 나무나 꽃을 심고 키우며 돌보는 것을 좋아합니다.

특히 그 삶의 요체요 정수라 할 타샤의 정원에 사람들은 열광했다.

일찍이 『월든』의 작가 소로는 말했다. 우리를 구원하는 것은 인간이 아니라 숲과 자연이라고. 그 말에 비추어 본다면 타샤는 날마다 구원받았을 것이다. 그리하여 어쩌면 내세에 이르기도 전에 이미 그녀는 상처 없는 영혼이었을지도 모르겠다.

1915년에 태어난 타샤는 어릴 때부터 자연과 어우러진 삶을 동경했다. 결혼을 하면서 뉴햄프셔의 시골로 이사 가게 되자 그녀의 꿈은 이루어진 듯했다. 그러나 철저한 도시인이었던 남편은 그곳 생활을 힘겨워했고 결국 두 사람은 헤어졌다. 타샤는 홀로 네 명의 자녀를 키웠다. 생계를 위해 그림을 그렸고 그렇게 모은 돈으로 우리 나이 57세에 버몬트 주의 산골에 버려진 땅을 샀다. 그때부터 자신의 꿈을 본격적으로 실현하기 시작했다. 장장 30만 평에 이르는 부지 한쪽에 농가를 짓고 그 주변을 정원으로 일궈나간 것이다.

말이 쉽지, 대부분의 사람은 엄두도 못 낼 일이다. 57세라면 새로운 것을 탐내기보다 이미 가진 것을 지키려 하고, 낯선 것에 감탄하기보다 익숙한 것에 안도하는 나이 아닌가. 그러나 타샤는 과감히 덤벼들었다. 수십 년 전에는 감자밭이었다던 불모의 땅을 미국에서 가장 아름다운 정원 중 하나로 만들었다. 그렇게 되기까지 수많은 시행착오와 기나긴 시간과 엄청난 노동이 필요했음은 물론이다.

타샤는 늘 부지런했다. 정원에 수천 개의 알뿌리를 심고

그녀 없이도 정원의 꽃이 필까 ──────

거름을 주고 가지치기를 하고 잡초를 뽑았다. 어디에 어떤 꽃을 심을지, 나무가 어떤 거름을 좋아할지 고민했다. 그뿐 아니다. 텃밭의 채소를 거두고 헛간의 동물들을 돌보았다. 닭을 키워 달걀을 얻고 염소를 길러 그 젖으로 요구르트를 만들었다. 물레를 돌려 실을 뽑고 베틀로 천을 짜서 옷을 지었다. 장작불을 지펴 방을 덥히고 물을 끓였다. 밀랍을 굳혀 양초를 만들고 날이 어두워지면 집 안 곳곳에 촛불을 켰다.

촛불, 그렇다. 타샤의 집에는 전기도 수도도 없었다. 불편할 때도 있지만 견딜 만하다고, 오히려 촛불을 켜면 사물이 더 아름다워 보인다고, 그녀는 수줍게 웃었다.

자급자족하고 싶고, 내가 쓰는 물건을 어떻게 만드는지 익히고 싶어요. 양모를 만드느라 양들을 키운 적도 있지요. 옷감을 보면 올올이 천을 짠 이의 손길이 스쳤다는 점을 마음에 담아주세요.

가을에는 땅에 떨어진 단풍잎을 헛간에 모아두었다가 겨울에 염소에게 먹였다. 억세고 질긴 양배추 잎은 닭 모이로, 쑥부쟁이는 모나크나비들의 먹이로 썼다. 호두나 양파의 껍질도 버리지 않고 쪽과 함께 염료로 만들었다. 낡은 천을 멋지게 염색해서 다양한 방도로 활용했던 것이다.

아무것도 그냥 버리지 않고, 한순간도 헛되이 보내지 않는 것. 즉 모든 것이 가치 있고 모든 순간이 귀함을 잊지 않는 것. 그것이 타샤의 신념이고 철학이었다.

어쨌거나 우리는 놀랄 수밖에 없다. 타샤는 혹시 슈퍼우먼이 아닐까. 나이 아흔에 체중 42킬로그램의 말라깽이 할머니가 어떻게 그 많은 일들을 해냈을까. 주위 사람들이 도와주리라 감안해도 놀랍지 않은가 말이다. 타샤의 대답은 간단했다. 자신이 좋아하는 일을 즐겁게 하기 때문에 별로 힘들지 않다나. 마치 수능 만점을 받은 학생이 고득점 비결을 묻자 '교과서만 보고 공부했어요' 할 때처럼 맥빠지는 대답이지만 타샤의 일상을 들여다보면 그것이 사실임을 알 수 있다.

정원을 가꾸면 헤아릴 수 없는 보상이 쏟아집니다. 다이어트를 할 필요도 없어요. 결혼할 때 입었던 웨딩드레스가 아직도 맞고, 턱걸이도 할 수 있지요. 평생 우울하거나 두통을 앓아본 적도 없답니다.

흙이 새카맣게 낀 타샤의 손톱이, 굳은살이 박인 발뒤꿈치가, 장화를 신고 외양간의 두엄을 치고 있는 모습이 전혀 불결하거나 초라해 보이지 않는 까닭도 아마 거기에 있을 것이다. 좋아하는 일을 즐겁게 하는 사람이 발산하는 건강한 에너지가 다른 모든 것을 정화해주기 때문에 그녀는 늘 강인하고 또 아름다울 수 있었으리라.

그렇다고 타샤가 일만 했느냐 하면, 절대 그렇지 않았다. 새벽부터 시작한 정원 일이 대강 끝나는 오후, 그녀는 직접 재배한 허브를 넣은 차를 마시며 새들의 노랫소리에 귀 기울였다. 정원의 꽃들을 구경하며 사색을 하고 사위어가는 햇빛 속에서 그림을 그리기도 했다. 화폭 안에는 장미, 아네모네, 수선화, 백합, 패랭이꽃……. 화폭 밖에도 은방울꽃, 작약, 물망초, 튤립, 금낭화, 제비꽃……. 그림 속 세상이나 그림 밖 세상이나 똑같이 아름다웠을 것이다.

또한 그녀는 손님 접대를 좋아했다. 장작 스토브에 불을 지피고 직접 추수한 곡물로 빵을 구웠다. 사과와 복숭아, 블루베리, 나무딸기로는 잼을 만들었다. 머리엔 예쁜 스카프를 두르고 콧등에 안경을 걸치고 빵의 반죽을 저으면서 그녀는 손님이 맛있게 먹으리라는 기대만으로도 행복해했다. 어린이 손님들에게는 특별히 데이지로 만든 화관을 씌워주었다. 손수 제작한 마리오네트 인형으로 공연을 선보이기도 했다. 타샤는 정원에서 벌이는 파티도 즐겼다. 모닥불을 피우고 바이올린 연주에 맞춰 모두 춤을 추었다. 풀밭은 폭신하고 꽃향기는 바람에 날리고 화관을 쓴 아이들은 연방 웃음을 터뜨리고 강아지들은 사방으로 뛰어다니고……. 실로 한 편의 동화요, 한 장의 그림엽서 같은 풍경이 아닐 수 없다.

나는 타샤를 생각하면 항상 두 가지 장면을 먼저 떠올리게 된다. 첫째는 그녀가 허브 이파리를 책상 위에 올려놓고 편지를 쓰는 모습이다. 그녀는 편지를 부치기 전에 꼭 봉투에 곱게 말린 허브 잎을 넣었다. 받는 이가 봉투를 뜯기도 전에 누가 보낸 편지인지 향기로 미리 알 수 있게 말이다. 그 얼마나 소녀 같은 발상인가. 그래서 나는 타샤가 레이스 장식이 고풍스러운 드레스를 입고 책상 앞에서 정성스레 편지를 쓰는 모습을 상상하면서 혼자 웃는다.

둘째는 오종종 모여 잠든 병아리들을 타샤가 따뜻한 눈길로 내려다보는 장면이다. 타샤는 병아리들을 적외선 등 밑에서 키우는 것에 반대했다. 그래서 추운 밤이면 오지그릇에 뜨거운 물을 담고 그것을 수건으로 감싸 병아리들 곁에 놓아주었다. 이는 또 얼마나 어머니 같고 할머니 같은 태도인가. 그릇이 식을 때마다 재빨리 뜨거운 물을 갈아주는 그녀를 상상하노라면 내가 마치 병아리라도 된 것처럼 타샤에게 감사하는 마음을 갖게 된다.

그러니 타샤는 소녀이면서 어머니이고 또 할머니였다. 동화작가이고 화가이며 농부이자 정원사이자 가정주부였다. 무엇보다 좋아하는 일을 즐겁게 하는 데서 존재의 이유를 찾는 한 명의 진실하고 아름다운 인간이었다. 아흔이 넘어서도 새 품종의 장미를 키우는 법을 연구하고 장미 전문가가 되고 싶다는 그녀를, 어찌 사랑하지 않을 수 있겠는가.

타샤 없이도 물론 봄은 온다. 그녀의 정원에도 몇 차례 봄이 오고 또 갔을 것이다. 그러나 타샤가 없는 정원은 지금 어떤 표정을 하고 있을까. 그녀 없이도 꽃이 피고 구근이 싹을 틔울까. 정말이지 나는 상상이 가질 않는다. ●

타샤 튜더

화가 · 동화작가 ● 우리에게는 '아름다운 정원'으로 더 잘 알려져 있지만, 미국에서 타샤 튜더는 가장 사랑받는 동화작가로 손꼽힌다. ● 1938년 그림책『호박 달빛』을 시작으로, 대표작인 '코기빌' 시리즈를 비롯하여 평생 동안 100여 권에 이르는 책에 그림을 그렸다. 1945년에 이어 1957년까지 두 차례에 걸쳐, 전 세계 그림책 분야에서 전통과 권위를 인정받는 칼데콧 상 명예상을 수상했다. 타계하기 5년 전인 2003년까지 그림책『코기빌의 크리스마스』를 출간할 정도로 그림과 동화에 대한 사랑과 열정이 가득했다. 동화책과 그림책 외에 크리스마스카드, 강림절 달력, 밸런타인 기념 그림 등도 꾸준히 그렸다. ● 30세에 가족과 함께 뉴햄프셔 주의 시골로 내려가 보금자리를 꾸렸고, 50대 중반인 1970년대에는 버몬트 주의 산속에 들어가 19세기풍으로 집을 짓고 광활한 정원을 꾸몄다. 특히 그 집은 타샤의 네 자녀 중 장남인 세스 튜더가 직접 지은 것이었다. 그곳에서 타샤는 손수 곡식과 가축을 키우고 꽃과 나무를 가꾸며 자연과 벗하는 삶을 살았다.

『타샤의 정원』, 타샤 튜더 · 토바 마틴 지음, 공경희 옮김, 윌북, 2006
『행복한 사람, 타샤 튜더』, 타샤 튜더 지음, 공경희 옮김, 윌북, 2006
『타샤의 집』, 타샤 튜더 · 토바 마틴 지음, 공경희 옮김, 윌북, 2007

한 소절 한 소절 존재를 다해 부르는 노래

에디트 피아프

내가 중학생이었을 때다. 인기가요 테이프를 사러 아침부터 동네 레코드점에 갔다. 늘 보던 점원 언니가 혼자 음악을 듣고 있었다. 그런데 글쎄, 그녀의 눈에 눈물이 맺혀 있는 게 아닌가. 왜 우느냐고 물어볼 새도 없이 나는 언니가 이끄는 대로 그녀의 옆에 앉았다. 우리는 함께 음악을 들었다. 전축 속에서 낯선 목소리의 여자가수가 낯선 나라의 언어로 낯선 노래를 불렀다. 노래라면 그저 변진섭 오빠가 최고인 줄 알았던 열다섯 살 소녀가 듣기에도 그 곡은 묘하게 서글프고 애잔하고 신비로웠는데, 가사를 알아들을 수 없어 더더욱 그러했다. 노래가 끝났다.

"이 노래 말이야, 너무 절절하지 않니?"

언니가 손등으로 눈가를 훔쳤다. 가수가 실제로 슬픔에 가득 찬 상태에서 노래하는 것 같아서 들을 때마다 자신도 슬퍼진다나.

"우와, 그럼 언니는 가사를 알아들을 수 있어요?"

그녀는 고개를 저었다. 가사를 모르고 듣는 음악에서도 슬픔을 느낄 수 있다는 것을 이해하지 못했던 나는 언니의 반응이 놀랍고 신기하기만 했다. 그래서 정작 그 노래가 누구의 곡이며 곡명이 무엇이었는지 듣고도 머릿속에 담아두지 않았다.

그렇게 흘려보냈던 에디트 피아프를 다시 만난 것은 고등학교에 진학한 후였다. 프랑스어 수업시간. 까다로운 R 발음을 익히느라 진땀 흘리는 학생들에게 프랑스어 선생님은 가끔 샹송을 틀어주곤 했다. 아베세데도 간신히 읊는 우리의 까막귀에 샹송 가사가 들릴 리 만무했다. 선생님이

한 소절 한 소절 존재를 다해 부르는 노래 ───────

곡을 틀어주는 족족 한 귀로 듣고 한 귀로 흘리던 나는 그러나, 어느 순간 그대로 굳어버렸다.

이 목소리, 이 노래, 어디서 들었더라. 언제 들었더라.

숨을 죽였다.

푸른 하늘이 우리 머리 위로 무너지고

대지가 허물어진다 해도

그대가 나를 사랑해준다면

난 아무래도 좋아요.

Le ciel bleu sur nous peut s'effondrer

Et la terre peut bien s'écrouler

Peu m'importe si tu m'aimes

Je me fous du monde entier

누가 내 가슴을 움켜쥔 듯 명치끝이 뻐근했다.

운명이 우리를 갈라놓아도

그대가 죽어서 우리가 멀어진다 해도

그대만 나를 사랑해준다면 아무 문제 없어요

나 또한 죽을 거니까요.

Si un jour la vie t'arrache à moi

Si tu meurs que tu sois loin de moi

Peu m'importe si tu m'aimes

Car moi je mourrais aussi

천천히 팔다리의 힘이 빠졌다.

신은 사랑하는 사람들은 이어주지요.

Dieu reunit ceux qui s'aiment

　그 노래는 연기가 아니었다. 그 목소리는 진짜였다. 진
실로 아파본 사람만이 낼 수 있는 소리. 인생의 희로애락
을 다 겪은 사람이, 슬픔도 미움도 아픔도 설움도 제 것으
로 체화해본 사람이, 담담하면서도 여유롭게 그러나 한없

이 떨면서 부르는 노래.

선생님이 곡명을 일러주었다. *Hymne A L'amour.* 사랑의 찬가. 낯선 철자들이 가득한 프랑스어 교과서를 펼쳐놓은 채 나는 눈을 감았다. 그 옛날 레코드점 언니가 왜 그 노래를 들으며 눈물을 흘렸는지 조금은 알 것 같았다. 가사와 무관하게 선율만으로 슬픔을 전달할 수 있는 음악이 어떤 것인지에 대해서도, 어렴풋이 알 것 같았다.

그날 저녁 나는 레코드점에서 에디트 피아프의 음반을 샀다.

『뉴스위크』가 '불멸의 프랑스의 목소리'라고 찬미한 에디트 피아프는 프랑스를 대표하는 국민가수이다. 샹송 저작권협회가 피아프 사망 당시 그녀와 함께 샹송도 세상을 떠났노라 공언했을 정도로 그녀는 프랑스만의 음악이었던 샹송을 세계의 주류 음악으로 격상시킨 일등공신이다. 프랑스에서는 그녀를 미국 대중문화의 폭격에 맞서는 조국의 문화적 자존심의 표상으로 인식하기도 한다지만, 피아프가 어디 프랑스만의 피아프겠는가.

세상을 떠난 지 50년 가까운 시간이 흘렀지만 지금도 그녀의 묘지를 찾는 추모 행렬은 끊이지 않는다. 심지어 묘지관리인조차 피아프 생전 그녀의 열렬한 팬이었던 인물로, 자신이 현재 '그녀를 지키는 유일한 남자'임을 영광으로 여긴다. 피아프를 기리는 영화, 드라마, 책, 음반이 헤아릴 수 없이 많다는 사실로도 짐작할 수 있듯 그녀는 지금 이곳에 없어도 피아프 신드롬은 지금 이곳에 여전히 있다. 프랑스가 아니라 전 세계에, 그녀를 사랑하는 모든 이의 곁에. 에디트 피아프의 이름을 모르는 사람도 그녀의 대표곡인 〈장밋빛 인생〉이나 〈사랑의 찬가〉, 〈파담 파담〉, 〈난 후회하지 않아〉 등을 들으면 그 익숙한 선율에 '아!' 하고 무릎을 칠 것이다. 그만큼 그녀의 노래는 전 세계적으로 널리 알려졌다.

무엇이 그녀를 그토록 유명하게 만들었을까. 왜 아직도 수많은 사람들이 그녀를 잊지 못하고 있는가.

이유는 단순하고 명백하다. 피아프가 음악에 자신의 혼

한 소절 한 소절 존재를 다해 부르는 노래 ──────

을 다 바쳤기 때문이다. 그녀는 온몸과 온마음을 담아 격정적으로 노래했다. 참새를 뜻하는 피아프piaf라는 예명 그대로 체격이 아주 가냘프고 작았음에도 그녀는 청중을 단숨에 휘어잡는 폭발적인 가창력과 짙은 호소력, 감수성 넘치는 표현력으로 당시 음악계를 평정했다. 그러한 힘과 재능은 그녀가 오로지 노래하기 위해 노래한다는 데서 비롯되었다. 부와 명예와 인기를 위해서가 아니라 존재하기 위해서, 존재하는 것이 곧 노래하는 것이어서, 피아프는 존재를 다해 노래했다. 죽기 직전의 마지막 공연에서 노래하다가 쓰러져 사람들이 무대에서 끌어내려 하자 그녀가 피아노 다리를 붙잡고 버티며 노래를 끝까지 불렀다는 일화는 노래에 대한 그녀의 철학과 신념을 보여준다.

사람들이 피아프에게 마음을 빼앗겼던 데는 물론 음악 외적인 이유도 있다. 그녀는 서커스 곡예사인 아버지와 거리의 가수였던 어머니 사이에서 태어나, 매매춘을 하는 할머니 밑에서 자랐다. 가난하고 비참했던 유년, 우연한 가수 데뷔, 세계적인 슈퍼스타로의 성공, 수많은 남자들과의

©Getty Images/멀티비츠이미지

1946년 1월 1일, 무대에서 노래하는 에디트 피아프 사랑과 이별, 알코올과 마약 중독……. 온갖 부침을 다 겪은 그녀의 인생 드라마에 사람들은 동정을 느끼는 한편 거기서 희망을 보았다. 파리 뒷골목에서 구걸을 하던 꾀죄죄한 소녀가 카네기홀에서 공연을 하고 7분간이나 기립박수를 받는 세계 최고의 가수가 되었다는 것 하나로도 다수의 보통사람들은 대리만족을 느낄 수 있었던 것이다.

그러나 가수로서 전대미문의 인기를 누리면서도 그녀는 늘 허허롭고 외로웠다. 끊임없이 남자들의 사랑을 갈구했다. 남자들은 하나같이 그녀를 이용하거나 희롱한 후 떠나버렸다. 세간을 떠들썩하게 했던 이브 몽탕, 마르셀 세르당, 자크 필스, 테오 사라포 등과의 스캔들 또한 그녀를 끝까지 행복하게 해주지는 못했다.

그중에서도 권투 미들급 세계 챔피언이었던 마르셀 세르당과의 사랑은 피아프에게 평생 잊지 못할 아픔을 남겼다. 두 사람이 처음 만난 것은 1947년, 피아프의 나이 서른두 살 때였다. 그녀는 순박하고도 남성적인 세르당에게 반했고, 곧 모든 것을 초월한 애틋하고 열정적인 사랑이 시작되었다. 일 때문에 서로 떨어져 지내야 하는 시간이 많았지만 두 사람은 대륙을 넘어 편지를 주고받으며 그리움을 달랬다. 이제야말로 진정한 사랑을 찾았노라고 그녀 자신도 그녀 주위 사람들도 확신했다. 그러나 운명의 가혹한 칼날은 그들을 너무 일찍 갈라놓았다. 사랑이 한창 무르익던 1949년 가을, 당시 피아프는 뉴욕에, 세르당은 파리에 있었다. 그녀는 세르당에게 보고 싶으니 최대한 빨리 자신에게 와달라고 졸랐다. 배를 타고 뉴욕으로 갈 예정이었던 그는 피아프의 재촉에 비행기를 탔다. 그리고 그 비행기는 사고로 대서양 중부 어느 산봉우리에 추락해버렸다. 영원히 멈추지 않을 것만 같았던 그들의 사랑은 그렇게 뉴욕과 파리 사이 어느 하늘가에 영원히 멈춰 있게 되었다.

"나 때문이야. 내가 그를 죽였어!"

피아프는 죄책감과 상실감으로 울부짖었다. 예정되었던 모든 공연을 연기하고 식음을 전폐했다. 세르당의 영혼이라도 보겠다며 강령술에 병적으로 집착하기도 했다. 그렇듯 폐인처럼 살던 그녀는 방에 사흘을 꼼짝 않고 처박혀 있더니 돌연 삭발을 하고 나타났다. 손에 악보가 한 장 들려 있었다.

"그를 위해 노래하겠어요."

자신에게 달려오는 길에 죽은 연인, 그와의 이루지 못한 사랑을 위해 그녀는 가사를 직접 썼던 것이다. 그 곡이 바로 〈사랑의 찬가〉다.

이렇듯 피아프의 노래가 사람들을 움직일 수 있었던 것은 그것에 진정이 담겨 있었기 때문이다. 그녀는 자신의 삶과 사랑을 있는 그대로 노래했다. 세르당에게 바치는 곡 외에도 이브 몽탕과의 사랑을 노래한 〈장밋빛 인생〉, 조르주 무스타키의 곡을 녹음한 〈주인님〉, 마지막 사랑이자 26세 연하의 남편이었던 그리스 미용사 테오 사라포와 듀엣으로 부른 〈사랑이란 그런 거지〉 등은 그녀의 실제 사랑의 기념비이며 진짜 삶의 흔적이었던 셈이다.

특이하게도 피아프는 사랑에 빠지면 자신의 연인과 한 무대에서 노래 부르기를 고집했다. 아마도 자신의 인생에서 가장 빛나는 순간이 무대에서 노래를 부르는 순간이기 때문에, 사랑하는 이와도 그 무대 위의 환희와 광채를 나누고 싶었던 것이리라. 남자들의 재능이 신통치 않아 그들이 함께 부른 노래는 오히려 피아프의 광휘를 깎아 내리는 꼴이었지만, 사랑하는 이와 무대에서 함께 노래하는 순간에만 그녀는 완벽하게 행복할 수 있었다. 그녀의 인생은 노래와 사랑이 전부였기 때문이다. 인생의 전부를 한 무대에서 누릴 수 있다니 그 이상의 행복이 어디 있겠는가.

이 글을 쓰는 내내 나는 그녀의 노래를 들었다. 내내 가슴이 벅차고 떨려서 심장이 근질근질했다. 특히 〈사랑의 찬가〉를 들을 때면 입까지 근질거렸다. 레코드점 언니처럼 나도 누군가에게 물어보고 싶어서 말이다.

"이 노래 말이에요. 너무 절절하지 않나요?" ●

에디트 피아프

가수·배우 ● 본명은 에디트 조반나 가시옹Edith Giovana Gassion.
프랑스 파리의 빈민가에서 서커스단 곡예사인 아버지와 삼류
가수인 어머니 사이에서 태어났으나, 부모에게서 버림받고
외할머니 손에서 어렵게 자랐다. ● 열다섯 살 무렵부터
길거리에서 노래를 부르며 돈을 벌기 시작했다. 스무 살에
카바레를 운영하던 루이 르프레를 만나 '작은 참새'라는 뜻의
'피아프'라는 이름을 얻고 본격적인 샹송 가수의 길에 들어섰다.
그녀는 직접 작사한 〈장밋빛 인생〉, 〈사랑의 찬가〉 등을 작고
가냘픈 몸에서 토해내는 애끓는 목소리로 불러 프랑스를 대표하는
샹송 가수가 되었다. ● 여러 번의 교통사고와 술, 마약으로 인해
1950년대 후반부터 건강이 급격히 악화된 뒤 "더 이상 노래를
하지 말라"는 의사의 경고에도 불구하고 마지막까지 무대에서
노래를 불렀다. 망가진 몸으로 요양소에서 생활하던 에디트
피아프는 1963년, 26세 연하의 남편이 지켜보는 가운데 48세의
짧은 생을 마감했다.

『에디트 피아프』, 실뱅 레네 지음, 신이현 옮김, 이마고, 2002
『마르셀 세르당과 에디트 피아프의 편지』, 에디트 피아프·마르셀 세르당 지음,
강현주 옮김, 은행나무, 2003

오늘 우리가 봄을 누릴 수 있는 까닭

레이철 카슨

|

  봄이 왔다. 그러나 즐겁게 지저귀던 새들은 모두 어디로 갔나? 사람들은 당황했고 불길한 예감에 사로잡혔다. 어쩌다 몇 마리 보이는 새들도 몸을 크게 떨면서 날지도 못하고 푸드득거리다 죽어버렸다. 봄은 왔는데 침묵만 감돌았다. 새들의 노랫소리와 함께 아침이 밝아오곤 했는데 이제는 죽음의 정적만이 저 들판과 숲과 늪에 깔려 있을 뿐이었다.

  위 글은 공상과학소설의 일부가 아니다. 어느 과학서적

의 도입부다. 1962년 미국의 생태학자이자 작가인 레이철 카슨은 자신의 책『침묵의 봄』Silent Spring에서 위와 같이 우화 형식을 빌려 경고했다. 인간에게 곧 그런 끔찍한 봄이 닥칠지도 모른다고 말이다.

그로부터 50년 세월이 흐른 지금, 봄이 왔다. 다행히도 창밖에서 새가 지저귀고 꽃이 피고 나비가 팔랑거린다. 죽음의 침묵이 드리워진 봄이 아니라 만물이 생동하는 속삭임이 흘러넘치는 봄이다. 카슨의 경고가 빗나간 것일까.

천만에. 일찍이 그녀의 경고가 있었기에 지금 우리는 참혹한 침묵의 봄을 피할 수 있었던 것이다.

레이철 카슨은 환경운동의 선구자이다. 하지만 업적에 비해 상대적으로 덜 알려져 있다. 『타임』지의 '20세기에 가장 큰 영향력을 미친 100인'에 상대성이론의 아인슈타인, 소아마비 백신을 발견한 조나스 소크 등과 함께 선정되었음에도 많은 이들이 그녀의 이름을 낯설어한다. 환경과학서의 명저로 꼽히는 그녀의 책 또한 우리나라에서는 널리 읽히지 않는 편이다. 미국의 어느 상원의원은 말했다.

"인류 역사에서 때로는 한 권의 책이 세상을 바꿉니다. 노예 해방을 이끈 『톰 아저씨의 오두막집』이 그렇지요. 그리고 카슨의 책도 그렇습니다."

바로 그 책 『침묵의 봄』은 지금부터 반세기 전인 1962년에 출간되었다. 그리고 출간 직후 미국사회에 엄청난 파장을 일으켰다. 사람들이 벌레를 죽일 때 흔히 쓰는 살충제의 유독성을 까발리며 그것이 벌레뿐 아니라 새와 물고기와 다른 동물과 나아가 인간까지 전부 죽인다는 충격적인 내용을 다루었기 때문이다. 당시 살충제는 DDT로, 정부가 직접 무해하다고 공표한 것이었다. 즉 카슨의 책은 정부를 직접적으로 비판하고 정부에 맞서 싸우겠다는 선전포고나 다름없었다.

1940년대 미 농무부는 불개미 등의 해충을 없애려 DDT를 대량 살포했다. 그러나 해충들은 점차 그것에 내성이 생겨 오히려 끈질기게 살아남았고 그 대신 애먼 새들이 죽었다. 나무에 살충제를 뿌리면 그것이 묻은 나뭇잎을 다른 벌레들이 먹고, 그 벌레를 새들이 먹고, 그 새들이 결국 병들거나 죽게 되었던 것이다. 또한 살충제는 흙에 스며들고 강이나 바다에도 흘러 들어가 먹이사슬을 통해 결국 생태계 전체를 파괴했다. 카슨은 방대한 자료수집과 관계자들 인터뷰, 치밀한 사례 분석과 연구를 통해 이를 확신했고 고발했다. 농무부와 살충제 제조기업 간에 긴밀한 이해관계가 있다는 것을 당시 그녀는 알지 못했다. 독립적인 연구를 하는 줄 알았던 과학자들이 실은 살충제 기업에 고용된 연구원들이고, 해당 기업 출신의 정부 관료들이 그 과학자들과 손잡고 있다는 사실을 대중 또한 모르고 있었다.

자연히 카슨은 사방에서 공격을 받았다. 가장 먼저 DDT 살충제 제조기업들이 출판사와 카슨을 고소하겠다고 협박했다. 그 기업들에서 연구보조금을 받은 대학의 학자들이 뒤이어 '입 닥쳐라, 카슨 양' 운운하는 과격하고 원색적인 비난 글들을 발표했다. 친親기업 언론인들 역시 그녀의 책 내용이 엉터리 환경보호론자들의 환상에 불과한 것이라고 폄하했다. 심지어 농무부 장관은 대통령에게 쓴 편지에서, 카슨이 서구자본주의를 파멸시키려는 공산주의자인 것 같다며 이른바 빨갱이 음모론을 내세웠다.

나중에는 그녀의 사생활도 문제가 되었다. 노처녀 주제에 왜 유전 문제를 걱정하느냐는 인신공격이 주를 이루었다. 기자가 카슨에게 늦은 나이에도 결혼을 하지 않은 이유를 추궁하자 그녀는 "시간이 없어서"라고 답한 뒤, 이렇게 덧붙였다. "때로는 결혼한 남자 작가들이 부러워요. 아내가 밥도 해주고 돌봐주니까요. 불필요한 방해를 받지 않으니 시간도 절약되잖아요."

이 시기에 카슨은 육체적으로도 몹시 힘들었다. 몸 전체에 종양이 퍼졌던 것이다. 몇 해 전부터 여러 번 가슴의 혹 제거 수술을 받으면서도 그녀는 그 혹이 악성임을 알지 못했다. 당시 미국에서는 여성이 암에 걸리면 의사가 그 사실을 환자의 남편에게만 알려주는 것이 관례였다. 미혼이라 병명을 알 권리가 있는 남편이 없었던 그녀에게 의사는 병명을 거짓으로 둘러댔다. 그것이 병을 키운 꼴이었다. 참으로 불합리하고 부조리한 남녀차별의 사례들은 이렇듯 한 인간의 생명을 직접적으로 망가뜨리기도 한다.

그럼에도 카슨은 꿋꿋하게 자신이 하고자 하는 일을 했다. 정부와 기업, 언론의 훼방과 음해에도 대중은 카슨의 책에 폭발적인 호의를 보였다. 『침묵의 봄』은 출간 일주일 만에 10만 부 이상이 팔렸다. 대중은 소리 높여 각 언론사며 정부기관에 진상 규명을 요구했다. 책이 출간된 1962년 말까지 미국 각 주에서 40여 종이 넘는 DDT 살충제 규제 법안이 제출되었다. CBS 방송국에서는 살충제의 위험성 문제에 대한 특별 토론 프로그램을 제작하기로 했다. 이를 반대하는 수많은 협박 편지가 방송국으로 쏟아졌다. DDT 제조기업들은 텔레비전 및 라디오의 광고협찬을 취소했다. 하지만 1963년 봄, 그 프로그램은 결국 미국 전역에 방영되었다. 그리고 마침내 5월 15일, 살충제 문제를 조사하는 케네디 정부 대통령특별위원회는 카슨의 주장을 전격 인정하고 수용하기로 했다. 진실의 승리였다.

상황은 점점 나아졌다. 이후 정부 제정 환경법이 개선되고 새로운 조약들이 계속 추가되었다. 환경문제의 중요성에 대한 대중의 인식도 크게 바뀌었다. DDT 사용이 금지된 지 10년도 안 되어 미국 환경보호청은 보도했다.

"사라졌던 흰머리독수리, 갈색펠리컨, 물수리, 송골매 같은 희귀새가 점점 늘어나고 있습니다. 그들이 돌아온 주요 이유는 DDT 살충제 사용을 금했기 때문입니다."

그러나 애석하게도 카슨은 이러한 결과를 직접 듣지 못했다. 이미 숨을 거둔 후였기 때문이다. 정부가 카슨의 목소리에 귀 기울이기 시작한 지 겨우 1년 만에 그녀는 암으로 세상을 떠났다.

『뉴욕타임스』는, 평균 한 세대에 한두 명 정도 문학적 재능을 지닌 과학자가 나타나는데 레이철 카슨이 바로 그런 인물이라 평했다. 실제로 그녀는 문학적 재능을 지닌 과학자인 한편 과학적 사고와 지식으로 무장한 보기 드문 작가였다. 그녀는 어렵고 딱딱한 내용을 쉽고 서정적인 문장으로 풀어쓰는 재주가 뛰어났다. 이는 카슨의 다른 책들에도 잘 나타나 있다. 특히 무명작가였던 그녀를 단숨에 베스트셀러 작가로 만든 초기작 『우리를 둘러싼 바다』The Sea Around Us는 바다의 탄생과 진화, 바다의 속성, 바다 자원에 이르기까지 바다의 모든 것을 담은 책으로, 과학적인 글인데도 시처럼 아름답다는 찬사를 받았다.

카슨은 새들과 꽃과 나무와 구름과 바다와 해와 달과 고양이와 강아지, 우리를 둘러싼 자연의 모든 것을 사랑했다. 그리고 그 속에 최고의 아름다움이 들어 있다고 믿었다. 어느 강연장에서 그녀는 말했다.

자연 속에 경이로움과 아름다움과 장엄함이 있다면 과학은 그러한 특징을 더욱 발전시켜야 합니다. 그 속에 아무것도 없는데 과학이 그런 것들을 창조할 수는 없겠지요. 바다를 다룬 제 책에 시가 들어 있다면 그것은 제가 일부러 넣은 것이 아니라 시를 빼고는 바다에 대해 제대로 말하기가 어려워서였을 거예요.

자연 속의 경이로움과 아름다움과 장엄함을 인간이 함

부로 훼손하지 못하도록 하는 데 전 생애를 바친 레이철 카슨. 그녀 덕분에 오늘 우리의 봄은 안전해 보인다. 그러니 우리는 모두 그녀에게 빚을 지고 있는 것이다. 이 빚을 갚을 수 있는 방법은 딱 한 가지밖에 없다. 이 아름다운 오늘의 봄을 내일도 누리고 모레에도 누릴 수 있도록 우리 스스로 자연을 항상 돌보고 지키는 것, 그것뿐이다. 그것이 이루어지지 않는다면 당장은 안전해 보이는 이 봄도 언젠가 결국 죽음의 침묵으로 뒤덮일 것이기 때문이다.

『침묵의 봄』마지막 장에서 카슨은 다음과 같이 썼다.

우리는 지금 두 갈림길에 서 있다. 하지만 로버트 프로스트의 유명한 시에 등장하는 갈림길과 달리 어떤 길을 선택하든 결과가 마찬가지이지는 않다. 우리가 오랫동안 여행해온 길은 놀라운 진보를 가능케 한 너무나 편안하고 평탄한 고속도로였지만 그 끝에는 재앙이 기다리고 있다. '아직 가지 않은' 다른 길은 지구의 보호라는 궁극적인 목적지에 도달할 수 있는 마지막이자 유일한 기회다. ●

레이철 카슨

RACHEL L. CARSON, 1907~1964

생물학자·작가 ● 미국 펜실베이니아 주 스프링데일 부근 강변 마을에서 태어났다. 넓은 숲과 나란한 집에서 자연을 벗 삼아 숲에서 일어나는 일에 호기심을 키우며 성장했다. 작가가 되고 싶어 펜실베이니아 여대 영문과에 입학했으나, 대학 2학년 때 우연히 생물학 강의를 들은 이후 생물학으로 전공을 바꾸었다. 1932년에는 존스홉킨스 대학에서 해양동물학 석사학위를 받았다. ● 이후 미국 수산국 직원으로 근무하며 『바다의 가장자리』, 『우리를 둘러싼 바다』 등 바다의 전기와 생태계에 대한 책을 펴냈다. 그러던 중, 매사추세츠 주 정부가 모기 박멸을 위해 살포한 DDT의 심각성에 대해 전해 듣고 살충제에 대해 조사하기 시작했다. 1957년부터 1962년까지의 조사를 바탕으로 1962년 『침묵의 봄』을 출간, 전 세계에 살충제 남용의 위험을 널리 알렸다. ● 시적 산문과 정확한 과학적 지식을 독특하게 결합한 그녀의 저작은 환경의 중요성을 일깨우는 동시에 세계적으로 그 문학적 성과 또한 인정받았다. 『침묵의 봄』으로 인해 4월 22일 '지구의 날'이 제정되었다.

『침묵의 봄』, 레이철 카슨 지음, 김은령 옮김, 에코리브르, 2002
『우리를 둘러싼 바다』, 레이철 카슨 지음, 이충호 옮김, 양철북, 2003
『레이첼 카슨』, 엘렌 레빈 지음, 권혁정 엮음, 나무처럼, 2010

5
6

오늘 우리가 봄을 누릴 수 있는 까닭 ———

인간이란 무엇인가, 그녀가 물었다

제인 구달

1935년 봄, 런던의 장난감 가게. 한 남자가 침팬지 인형을 산다. 생애 첫 생일을 맞은 딸을 위한 선물이다. 신통하게도 딸은 자신의 몸집만큼이나 크고 얼굴도 별로 귀엽게 생기지 않은 그 침팬지 인형을 보자마자 푹 빠져버린다. 어디를 가든 그 인형을 꼭 가지고 다니며 더 좋은 장난감들이 생긴 후에도 그것을 가장 아낀다. 그 딸이 훗날 침팬지 연구로 세상을 깜짝 놀라게 한 위대한 동물학자이자 환경운동가가 되리라는 것을 남자는 과연 짐작이나 할 수 있었을까.

"우리는 인간을 다시 정의하든가 도구를 다시 정의해야 해. 그렇지 않으면 침팬지를 인간으로 받아들여야 할 거야."

제인 구달이 침팬지도 인간처럼 도구를 사용한다는 사실을 최초로 밝혀냈을 때 그녀의 스승이었던 루이스 리키는 말했다. 요즘 사람들이야 유인원이 도구를 사용한다는 것을 누구나 안다. 마치 태양이 지구 주위를 도는 것이 아니라 지구가 태양 주위를 돈다는 것을 누구나 아는 것처럼. 그러나 20세기 중반까지는 지구상의 모든 생명체 중에서 오직 인간만이 도구를 쓰는 것으로 알려져 있었고, 그것이 곧 인간을 정의하는 중요한 근거였다.

그러므로 루이스 리키의 말은 옳았다. 제인의 연구로 인해 인간은 인간을 다시 정의해야 했다. 그것은 동물학계에서 일대 혁명에 가까운 사건이었다.

"인간을 다시 정의한 여자", 이는 훗날 출간된 제인 구달 평전의 소제목이기도 하고 그녀를 표현하는 대표적인 수식어이기도 하다.

제인은 어릴 때부터 동물에 관심이 많았다. 두 살 때 이미 정원의 지렁이들을 자신의 침대로 가져와서 관찰하는가 하면, 네 살 때는 닭장에 몰래 들어가 무려 다섯 시간을 기다린 끝에 닭이 알을 낳는 순간을 직접 지켜보기도 했다. 그녀는 또한 『둘리틀 선생』이나 『타잔』 같은 책을 읽고 아프리카의 밀림을 동경했다. 자신이 타잔의 애인인 제인보다 밀림 생활을 더 잘할 수 있다고 안타까워했을 정도였다.

　그러던 중 제2차 세계대전이 발발했다. 1945년 전쟁이 끝났을 때 제인은 여러 자료들을 통해 홀로코스트에 대한 끔찍한 소문이 사실임을 깨닫고 충격에 휩싸였다. 인간이 어떻게 그토록 잔인할 수 있는가. 인간이란 무엇인가. 인간은 본디 선한 존재인가, 악한 존재인가. 인간의 본성과 선악의 기준에 대한 고민은 그녀를 평생 따라다녔다. 어찌 보면 침팬지에 대한 연구도 결국은 인간을 더 잘 이해하기 위한 것이나 다름없었다.

　집안 형편 때문에 대학에 진학하지 못한 제인은 비서학

교를 졸업하고 직장생활을 시작했다. 일견 평범해 보이던 그녀의 삶을 갑자기 송두리째 바꿔놓은 것은 한 통의 편지였다. 옛 친구가 그녀에게 자신이 케냐에 살고 있으니 그곳으로 놀러오라는 편지를 보낸 것이었다.

그래서 얼떨결에 제인은 어린 시절부터 꿈꿔온 아프리카 땅을 밟게 되었다. 정식으로 과학교육을 받아본 적도 없는 그녀가 세상의 어떤 뛰어난 과학자들도 해내지 못한 일들을 해낼 그 역사적인 길의 첫발을 뗀 것은 1957년. 그녀의 나이 스물셋이었다.

아프리카에서 제인은 세계적인 인류학자 루이스 리키를 만나고 그의 비서가 되었다. 인간이 여느 동물과는 태생이 아예 다른, 신이 창조한 완벽한 피조물이라 여겨지던 시대에 루이스는 침팬지나 고릴라 등의 유인원이 인간과 매우 유사하며 따라서 그들에 대한 연구를 통해 선사시대 인류의 비밀을 풀 수 있다고 믿는, 매우 드물게 진보적인 학자였다. 그는 제인의 열정과 끈기를 높이 샀고 그녀에게 유인원 연구를 맡겼다.

마침내 1960년 제인은 탄자니아의 곰베 지역으로 들어갔다. 모두가 그녀를 신기하게 여겼다. 금발의 아름다운 20대 여성이 험한 밀림을 헤치고 노숙을 해가며 침팬지를 따라다니는 것이 결코 흔한 일은 아니었으니 말이다. 그녀는 잡지 『내셔널지오그래픽』의 표지 모델이 되기도 했는데, 이는 후에 보수적인 남성학자들이 그녀의 비전문성을 공격할 때 유용한 소재가 되었다.

제인은 침팬지에게 이름을 붙여주고 그들 곁에서 생활하며 그들의 감정변화를 관찰했다. 학계는 제인의 연구방식을 비웃었다. 침팬지에게 이름을 지어주는 것이나 그들의 감정을 기록하는 것이나 당시로서는 용납될 수 없는 행위였다. 인간만이 감정과 이성을 가진 존재라는 믿음이 사회에 널리 퍼져 있었기 때문이다. 하지만 정식 대학교육을 받지 못한 제인은 그런 것들을 알지 못했기에 결과적으로 오히려 남들이 발견하지 못한 것들을 발견할 수 있었다. 초식동물로 알려졌던 침팬지가 실은 육식을 즐긴다는 것, 인간의 전유물로 여겨지던 도구를 사용한다는 것, 그들도 감정을 가지고 있어 서로 사랑하고 증오하고 질투하고 동정한다는 것, 인간의 경우와 마찬가지로 양육방식이 성장과정에 영향을 미친다는 것 등. 그녀가 내놓은 연구결과에 학계는 발칵 뒤집혔다. 그리고 얼마 안 있어 다른 학자들도 제인의 방식을 따라 직접 야생에 뛰어들어 동물들을 관찰하게 되었다. 전문교육을 받은 적도 없는 한 젊은 여성이 자신만의 연구방식으로 견고하고 폐쇄적인 학계의 벽을 허물고 영장류에 대한 세상의 인식을 바꾼 것이다.

곰베는 위험한 곳이었다. 제인은 사자나 코뿔소, 맹독을 품은 코브라 등과 수차례 맞닥뜨렸다. 사람을 죽음으로까지 몰고 가는 체체파리 떼의 습격이나 말라리아, 열악한 위생 환경으로 인한 각종 치명적인 질병들도 늘 그녀를 위협했다. 게다가 아프리카의 정치적 상황도 좋지 않았다. 콩고에서 대규모 폭동이 일어나 피난민이 속출하는가 하면 자이르 정권에 대항하는 무장 테러단이 제인의 동료 연구원들을 납치하는 일도 있었다.

그럼에도 제인은 굴하지 않았다. 특유의 낙천성과 끈기와 열정으로 동물들을 연구하고 그들을 도왔다. 1965년에 침팬지와 개코원숭이 연구를 위해 곰베 스트림 연구 센터를 설립하고, 1975년에는 야생동물 연구를 위해 제인 구달 연구소를 세웠다. 1980년대 중반부터는 지구상의 모든 생명체를 위한 환경운동을 시작했다. 엄밀히 말해 그녀의 관심은 침팬지에만 국한되어 있는 것이 아니라 인간, 동물, 세상의 모든 생명체에 있었다.

세상에 굶거나 병들어 죽는 사람이 얼마나 많은데 그까짓 침팬지에 신경 쓸 겨를이 어디 있느냐고 묻는 이들에게 제인은 말한다.

우리는 고통받고 있는 사람들을 도와야 한다. 그들이 우리와 같은 인간이고 우리와 같은 감정을 가지고 있기 때문이다. 그들은 우리가 느끼는 고통을 똑같이 느낄 수 있다. 즉 슬픔, 공포, 절망, 외로움 등을 느낀다. 그런데 침팬지도 마찬가지다. 개, 고양이, 돼지 등 수많은 동물들도 인간과 똑같이 감정을 갖고 있는 것이다.

인간과 동물은 결국 같은 종이다. 따라서 인간이 같은 종인 인간의 고통을 덜어주어야 한다고 믿는 것처럼 동물에 대해서도 마찬가지의 의무를 가져야 한다는 것이다. 나아가 제인은 주장한다. 인간은 동물이든 식물이든 자연으로부터 늘 혜택을 받고 있으며, 자연을 파괴하는 것은 그 혜택을 스스로 포기하는 것이라고.

2002년에 유엔UN '평화의 메신저'로 임명되기도 한 제인 구달은 전 세계를 돌아다니며 더더욱 활발하게 세계평화와 지구상 모든 생명체의 평화로운 삶을 위해 다양한 활동을 벌였다. 2004년에 칠순을 맞이했을 때도 마찬가지였다. 워싱턴에서 파리에서 요하네스버그에서 필라델피아에서 다시 캘리포니아에서……. 칠순 나이에도 쉬지 않고 동물보호운동과 자연보호운동을 전개하고 강연을 하러 다니는 그녀에게 청중 가운데 누군가 물었다.

"젊음을 유지하는 비결이 무엇입니까?"

"할 일이 너무도 많습니다."

당당하게 대답하는 그녀의 모습이 실로 얼마나 젊어 보였을지 나는 감히 상상할 수 있을 것 같다.

2014년이면 팔순을 맞이하는 제인 구달. 한국에도 몇 차례 방문한 적이 있는 그녀는 여전히 환경보호 강연, 기금 모금, 동물보호를 위한 여러 활동으로 분주하다. 그녀의 삶은 인간이 자연에 대해 어떤 태도를 가져야 하는지, 동물을 어떻게 대해야 하는지 다시금 생각해보게 한다. 인간이란 무엇인가. 인간이 스스로를 위해 다른 동물을 희생시키는 것은 정당한가. 자연 속에서 인간은 다른 생명체와 어떻게 조화를 이루고 공생할 수 있는가.

제인 구달이 평생 천착해온 위의 질문들은 오늘도 현재진행형이다. 그녀 덕분에 인간의 정의가 다시 세워진 시대에 살고 있는 인간으로서, 지구 위 생명체의 하나로서, 이제 우리도 그 대답을 찾는 과정에 동참해야 하지 않을까. ●

제인 구달

JANE GOODALL, 1934~

비교행동학자 · 침팬지 연구가 · 환경운동가 ● 런던에서
태어나 잉글랜드 남부 바닷가 마을에서 자랐다. 어려서부터
동물을 좋아했으나 20대 초반까지는 동물과 무관한 삶을 살았다.
우연한 기회로 가게 된 케냐에서 고생물학자이자 인류학자인
루이스 리키를 만났고, 그의 비서가 되면서 제인 구달은 그를
도와 침팬지를 연구하게 되었다. 1960년 탄자니아 곰베에서
야생 침팬지들과 함께 지내며 본격적으로 침팬지 연구를
시작하였다. ● 1965년 케임브리지 대 대학원에서 비교행동학
박사학위를 받은 뒤에도 계속 침팬지와 함께 생활하고 꾸준히
연구하여, 그때까지 잘못 알려졌던 침팬지의 놀랍고 새로운 생태와
습성을 밝혀냈다. ● 1967년에 첫 저서 『내 친구 야생 침팬지』의
출간을 시작으로 『침팬지와 함께한 나의 인생』, 『무지를 넘어서』
등 많은 저서를 냈다. 1986년 이후 탄자니아를 떠나 세계 곳곳을
돌며 환경보호의 중요성에 대해 강연하고 있다.

『희망의 이유』, 제인 구달 지음, 박순영 옮김, 궁리, 2000
『제인 구달 평전』, 데일 피터슨 지음, 박연진 외 옮김, 지호, 2010

이상보다 높이 날았던 혁명의 독수리

로자 룩셈부르크

붉은 로자. 입에 담아보는 것만으로도 불현듯 숨이 막힐 것 같은 이름. 로자 룩셈부르크를 신문에서 다시 접했을 때의 놀라움은 컸다. 기사는 2009년 5월 30일 그녀의 시신이 무려 90년 만에 베를린의 한 병원에서 발견되었다는 사실을 전하고 있었다.

로자라니. 그녀는 옛날에 죽었는데. 그 묘지는 좌파의 성지로서 지금도 수많은 사람들이 다녀가고 있다는데. 그렇다면 묘지의 시신은 가짜였다는 것인가. 로자의 진짜 시신이 발견되었다는 기사는 마치 죽은 그녀가 다시 살아 돌아왔다는 것만큼이나 충격적이었다.

내가 로자 룩셈부르크의 이름을 처음 들은 것은 대학생 때다. 동기 하나가 과방에 체 게바라 티셔츠를 입고 왔다. 흰 바탕에 체의 얼굴이 초록색으로 그려진 아주 세련된 옷이었다. 동기들이 그 옷을 화제로 삼고 있는데 한 선배가 끼어들었다.

"근데 말이야. 체 티셔츠는 있는데 왜 로자 티셔츠는 없을까?"

우리는 선배를 빤히 쳐다보았다.

"로자가 누군데요?"

체 티셔츠를 입은 동기가 물었다. 뭔가 미심쩍다는 듯한 말투였다. 그도 그럴 것이, 그때는 체 게바라의 시대였다. 먹물깨나 들었다는 이들 혹은 스스로 진보적이라 여기는 이들은 하나같이 체를 우상화하고 동시에 그를 유행의 아이콘으로 소비했다. 세상에 마르크스 티셔츠가 있는가, 레닌 티셔츠가 있는가. 체는 특별했다. 영웅이고 투사이며 순교자였던 그에게는 적수가 없었다. 그런데 이름도 한번 못 들어본 여자가 그와 나란히 거론되다니. 대체 어떤 여자이기에. 그런 의구심이 들었던 것은 나만이 아니었을 것이다.

오래된 독일 영화 한 편을 비디오테이프로 보게 된 것은 그로부터 몇 년이 더 흐른 후였다. 제목 〈로자 룩셈부르크〉. 영화가 시작될 때만 해도 나는 심드렁했다. 그러나 영화가 끝날 즈음에는 심각해져 있었다. 로자 티셔츠는 만들어질 수 없을 거라고 나는 생각했다. 그녀의 삶이 너무 참혹해서, 죽음도 너무 참혹해서. 그것이 마음에 걸려 누구도 로자의 티셔츠는 함부로 입을 수 없을 것이기 때문에.

흔히들 세상의 3대 약자로 장애인, 여성, 흑인을 꼽는다. 로자 룩셈부르크는 절름발이 장애인이었다. 여성이었다. 그리고 박해와 탄압의 역사가 흑인에 결코 뒤지지 않을 유태인이었다. 이렇듯 약자로서의 조건을 두루 갖추었음에도 그녀는 누구보다 강했다. 그녀에게는 세계를 변혁

시키려는 굳건한 의지가 있었다. 독일의 전설적인 공산주의 혁명가이자 마르크스 이후 최고의 두뇌라 불렸을 만큼 명석한 철학자이고 경제학자이며 동시에 사회학자였던 로자를 가리켜, 레닌은 말했다.

"독수리가 암탉보다 낮게 내려가는 경우는 있을 수 있다. 그러나 결코 암탉이 독수리만큼 높이 올라갈 수는 없다. 로자는 혁명의 독수리였으며 독수리로 남을 것이다."

그녀는 자신의 신념을 위해서라면 어디든 달려갔고 무엇이든 했다. 그녀의 사회주의에 대한 투철한 믿음과 개혁에의 열정에 사람들은 '붉은 로자'라는 별명을 지어주었다. 그녀는 실제로 이렇게 말한 바 있다.

"저는 거리의 전투 또는 감옥에 있는 저의 자리에서 죽기를 소망합니다."

I차 세계대전 이전부터 독일 사회민주당 내에서도 극좌파에 속하는 스파르타쿠스단을 이끌었던 로자의 꿈은 사회민주주의였다. 그녀는 진정한 혁명은 민중의 자발적 동참으로 이루어진다고 믿었다. 민중이 중심이 되는, 민주주

의와 사회주의가 공존하는, 이를테면 민주적 사회주의가 그녀의 이상이었던 것이다.

로자는 고집이 세고 타협을 몰랐다. 동지든 스승이든 부정한 행동을 하면 가차 없이 몰아세웠다. 레닌과 개인적인 친분이 있었음에도 그의 관료주의를 끊임없이 문제 삼았다는 것만 보아도 알 수 있다. 그녀는 자신의 당이 전쟁을 지지하자 신랄한 비판을 가해 당의 미움을 사는가 하면, 독일이 세계를 지배하게 되리라는 믿음이 확고히 퍼져 있던 시기에 그것을 반대하여 애국주의자들에게도 눈엣가시가 되었다. 그녀의 급진적 정치견해에 나중에는 중산층 및 노동자 계층의 시민들도 거부감을 드러냈다. 민중은 아직 정치적으로 덜 성숙한 상태였다. 혁명의 당위성에 공감은 하지만 그것에 적극적으로 가담하려는 수준까지는 아니었다. 그런 상황에서 그녀가 홀로 지나치게 앞서갔던 것이다.

로자는 집회에 참여하고 정치비판 글을 쓰고 반反군국주의 연설을 하고 그러다 투옥되기를 반복했다. 동지 카를

리프크네히트와 함께 '붉은 깃발'이라는 뜻의 잡지 『로테 파네』Die Rote Fahne를 펴내 노동자들을 교육하고 격려하는 글을 쓰기도 했다. 두 사람은 독일 공산당을 창건하는 등 갈수록 더 활발한 활동을 벌였다. 이들을 암살하려는 우파의 음모 또한 갈수록 커졌으나, 로자는 도망치지 않았다. 자신이 하고자 하는 일, 해야 하는 일 앞에서 그녀는 언제나 당당하고 꿋꿋했다.

그렇다고 로자가 혁명에 생애를 바친 극렬 투사로서 세상에 두려울 것이 없는 강철 여인이기만 했느냐 하면, 그건 아니다. 그녀는 혁명가이기에 앞서 남을 사랑하고 남에게 사랑받고 싶어 하며 그만큼 쉽게 상처받는 보통 여자였다. 영화 〈로자 룩셈부르크〉에 이런 장면이 나온다. 로자가 감옥에 있을 때 그녀의 지성과 인품에 감탄한 교도관이 좋아하는 책을 묻는다. 로자의 대답은 『안나 카레니나』였다. 계급투쟁에 관한 사상서나 사회학 이론서가 아니라 그녀의 마음속에 든 책은 사랑에 관한 아름다운 문학작품이었던 것이다.

간결하고 조리정연하면서도 기품 있는 문장으로 수많은 사회정치 논문과 기사를 썼지만 사실 그녀가 가장 많이 쓰고 가장 잘 쓴 글은 연애편지였다. 애인이고 동지이며 정치적 스승이었던 레오 요기헤스. 그에게 쓴 편지들에서 로자는 계급의 적과 싸우고 대중을 선동할 때와는 생판 다른 어리광쟁이 여인이 되었다.

내가 당신에게 이런 편지를 쓰는 것은 분명 이상하게, 아마 우스꽝스럽게 보일 거예요. 게다가 나는 여자니까요. 밤중에 남편에게 이런 편지를 쓰는 것은 얼마나 낭만적인 공상으로 보일까요? 내 사랑이여, 전 세계가 비웃어도 상관없어요. 그러나 당신만은 비웃지 말아주세요. 당신만은 이 편지를 진지하게, 온 마음으로, 감동적으로 읽어주세요.

로자는 레오와 함께 가정을 이루고 아기자기하게 살기를 원했다.

내 사랑이여, 나도 언젠가 아기를 가질 수 있을까요? 나는 늙어가는 것을 느껴요. 아니, 이미 추해졌어요. 당신이 산책하러 갈 때 손을 잡아끌던 여자는 이제 예쁘지 않을 거예요.

그녀의 사진을 보라. 그것은 그냥 한 여자의 얼굴이다. 훤히 드러낸 이마는 순박하고, 쌍꺼풀이 깊게 진 눈은 수줍음으로 빛나고 있다. 사진에 생략된 배경에 붉은 깃발이나 정당대회의 연단 같은 것이 아니라, 꽃이 핀 화분이라든가 찻잔이 놓인 테이블이라든가 『안나 카레니나』 같은 소설책이 있을 것 같은. 그런 여유와 낭만이 그녀의 얼굴에는 있다. 물론 로자는 그때도 혁명가였고 지금도 혁명가다. 그러니 어쩌면 그녀가 혁명으로 세상을 뒤집고자 한 것은 분노와 증오 때문이 아니라 더 아름다운 세상을 만들고자 한 사랑과 희망 때문이었을지도 모르겠다. 그렇게 믿고 싶을 만큼 로자의 얼굴은 선량하고 평화롭다. 한 남자를 사랑했던 한 여자의 얼굴은.

이상보다 높이 날았던 혁명의 독수리 ───

1912년의 로자 룩셈부르크

그러나 혁명가로서 그녀의 최후는 처참했다. 1919년 1월, 그녀는 베를린에서 우파 군인들에게 체포되었다. 한때는 동지였으나 나중에 군부와 결탁해 권력을 손에 넣고 마침내 적이 되어버린 그들은 로자의 머리를 개머리판으로 가격했다. 그리고 피투성이가 된 그녀를 총으로 쏜 후 베를린의 운하에 던져버렸다. 꽝꽝 언 얼음 밑으로 가라앉았던 시신은 같은 해 5월 심하게 훼손된 채 수면으로 떠올랐다. 그녀가 묻힌 묘지는 나중에야 그녀의 뜻을 기리게 된 시민들 및 좌파 인사들의 순례지가 되었다.

여기까지가 지난 90년 동안 세상이 믿어온 로자의 죽음에 관한 진실이었다. 그런데 최근 그녀의 진짜 시신이 발견되었다니. 병원관계자는 지하창고에서 머리와 손발이 없는 오래된 시신을 발견, 수상히 여기고는 컴퓨터 단층 촬영을 해보았다. 그리고 시신 주인이 40∼50대 여성이며 한동안 물속에 가라앉아 있었다는 것, 골관절염 때문에 두 다리의 길이가 다른 절름발이였다는 사실을 밝혀냈다.

이상보다 높이 날았던 혁명의 독수리 ──────

그게 진짜 로자였다.

그렇다면 그녀의 묘지에 묻힌 것은 누구일까. 로자의 진짜 시신을 이제껏 숨겨온 자들은 누구일까. 그녀의 머리와 손발은 어디에 있는가. 모든 것이 미스터리다. 우리가 분명히 알 수 있는 것은 하나, 어쨌거나 로자는 죽었다는 것이다. 죽어서도 90년간이나 평안을 얻지 못했다는 것이다. 가난한 이들, 힘없는 이들을 위해 제 삶을 송두리째 내던졌던, 세상에서 가장 강한 여자.

로자를 떠올릴 때마다 괜히 우울해지고 불편해지는 마음을 그녀가 총살당한 후 독일의 시인 브레히트가 썼다는 시에 슬쩍 얹어본다.

붉은 로자 역시 사라졌네
그녀의 몸이 쉬는 곳마저 알 수 없으니
그녀는 가난한 사람들을 위해 자유를 말했고
그 때문에 부유한 사람들이 그녀를 처형했다네. ●

로자 룩셈부르크

사회주의 이론가·혁명가 ● 러시아령 폴란드의 작은 마을에서
부유한 유태인 목재상의 딸로 태어났다. 열여섯 살에 반정부
활동을 시작, 여성의 대학 진학이 금지된 조국을 떠나 1889년
스위스로 망명하여 취리히 대학에 입학했다. 그곳에서 평생의
연인이자 동지인 레오 요기헤스를 만났다. ● 타국에서
조국 폴란드의 상황을 지켜보던 그녀는 1893년 레오와
함께 폴란드 사회민주당을 결성하고, 이어 독일인 구스타프
뤼베크와 위장결혼을 해 독일 시민권을 얻은 후 사회민주당에
들어갔다. ● 1905년 레오와 함께 바르샤바 혁명전쟁에
동참하여 투옥된 이후 체포와 구금을 반복하며 감옥을
드나들면서도 계속 사람들을 조직하고 글을 쓰고 집회에
참여하였다. ● 1919년 1월 초, 급진 좌파 세력이 주축이 된
스파르타쿠스단 연맹의 궐기에 참석했다가 의용군에 의해 체포되어
살해되었다. 그녀가 죽고 난 두 달 뒤, 레오 역시 베를린에서
암살되었다.

『로자 룩셈부르크』, 헬무트 히르슈 지음, 박미애 옮김, 한길사, 1997
『로자 룩셈부르크 평전』, 막스 갈로 지음, 임헌 옮김, 푸른숲, 2002

이상보다 높이 날았던 혁명의 독수리 ────

누구나 알지만 아무도 모르는 여인

황진이

이 땅에 그녀를 모르는 이 어디 있으랴. 숱한 문학작품과 드라마와 영화가 황진이의 삶을 다루었다. 이태준과 정비석 이래 최인호, 전경린, 김탁환 그리고 북한작가 홍석중 등이 그녀를 소재로 한 소설을 썼고 2006년에는 동명의 텔레비전 드라마가, 2007년에는 영화가 제작되어 대중의 사랑을 받았다.

그러나 황진이는 누구나 그 이름을 알고 있지만 사실 그 삶까지 제대로 아는 이는 없다고 해도 될 만큼 많은 부분이 비밀에 싸여 있다. 어떤 부분은 미화되었고 어떤 부분은 왜곡되었으며 어떤 부분은 생략되었을 것이다. 그런데도 우리는 우리가 알고 있는 황진이에 대해 그것이 진짜 황진이라고 믿기를 주저하지 않는다. 왜냐하면 황진이는 그저 황진이이기 때문이다. 이미 너무나 유명한 사람에 대해, 이름 석 자로 전설이 되다시피 한 사람에 관해 그 삶 속의 사실관계를 추리하고 확인하는 일은, 우리가 믿고 싶은 것을 믿고 보고 싶은 것을 보고자 하는 욕망에 비하면 별로 중요하지 않기 때문이다.

황진이는 잘 알려진 대로 조선시대의 기생이다. 그녀의 정확한 생몰연대는 알 수 없다. 주변인물들의 기록을 통해 대략 16세기 초에 태어나 서른 정도의 나이에 요절했다는 추측이 있을 뿐이다. 그녀의 본명에 대해서도 의견이 분분하다. 옛 조선 여인들의 이름을 바탕으로 추리하면 성이 황黃이고 이름은 진眞 외자였는데 나중에 부르기 좋게 뒤에 '이'를 붙인 것이라는 설이 유력할 터이나 그것도 정설은 아니다. 하기야 아무렴 어떠랴. 황진이에게서 중요한 것은

누구나 알지만 아무도 모르는 여인 ─────

그런 것들이 아닌데. 황진이는 그저 황진이일 뿐인데.

정사보다 야사로 더 유명한 여인. 황진이의 삶은 소녀 시절부터 이미 극적이었다. 열다섯 살 때 이웃 마을의 선비가 그녀를 짝사랑하다 상사병으로 죽었다. 상여가 그녀의 집 앞에 이르렀는데 갑자기 말이 멈춰 서더니 꿈쩍도 하지 않았다. 그녀가 나와 속치마로 관을 덮어주자 그제야 말이 움직이기 시작했다. 안 그래도 첩의 딸로 멸시를 받으며 살아가던 황진이는 그때 새삼 삶의 무상함을 깨달았다. 그리고 신분사회의 굴레와 봉건질서의 억압에서 벗어나 자유롭게 살기로 마음먹고 기생의 세계에 발을 들여놓게 되었다.

조선의 내로라하는 기생들 사이에서도 그녀는 군계일학이었다. 화장을 하지 않고 아침에 머리만 한 번 빗을 뿐인데도 얼굴에서 빛이 나고 몸에서는 향기가 났다. 그녀는 살아 있는 부처로 떠받들리던 지족선사를 파계시켰고, 덕망 높은 학자 서경덕을 유혹했다가 실패한 후 그를 스승으로 모셨으며, 왕족이었던 벽계수를 희롱하여 말에서 떨어뜨리는가 하면, 판서를 두루 지낸 소세양이 자신을 떠나려하자 시를 읊어 다시 잡았다. 그밖에도 그녀의 남성 편력기는 호화롭고도 다채롭기가 소설보다 소설적이고 드라마보다 드라마틱하다.

그러나 남성들이 하나같이 황진이를 연모하고 그녀에게 쉽게 미혹되었던 것은 단지 미모 때문만은 아니었다. 황진이는 소리와 춤과 악기에 탁월한 재능이 있는 예인이었다. 그리고 무엇보다 남녀 간의 사랑을 서정적이면서도 대담하게 표현하여 당시 관습화되어 있던 시조의 경향에 활력을 불어넣은 뛰어난 시인이었다.

당대의 이름난 문인들과 교유하며 그녀가 지은 시들은 지금도 여러 수가 전해진다. 가장 유명한 작품은 중고등학교 교과서에도 실렸고 시험에도 지문으로 자주 등장한 시조 「동짓달 기나긴 밤을」일 것이다. 학창 시절 국어시간에 시 속의 '님'은 서경덕이며, 우리말 첩어의 말맛이 절묘하고 비유가 참신한 작품이라고 배웠던 것이 아직도 기억난다. 그러나 내가 가장 좋아하는 작품은 따로 있다. 훗날 김소월의 스승이었던 김억이 번역하여 가곡 〈꿈〉으로도 불린 한시 「상사몽」相思夢이 그것이다.

그리워라, 만날 길은 꿈길밖에 없는데　　　　相思相見只憑夢

내가 님 찾아 떠났을 때 님은 나를 찾아왔네　儂訪歡時歡訪儂

바라거니 언제일까 다음날 밤 꿈에는　　　　願使遙遙他夜夢

같이 떠나 오가는 길에서 만나기를　　　　　一時同作路中逢

위 시의 '님'이 누구인지는 밝혀진 바가 없다. 앞서 언급한 그 많은 이름난 남성들을 사랑하고 그들의 사랑을 받았던 황진이가 꿈에서도 그리워했으나 꿈에서밖에 만날 수 없었던 님은 대체 누구일까. 어쩌면 그녀는 앞서의 남성들 모두를 사랑했으므로 실은 그들 중 누구도 진실로 사랑하지는 않았는지 모른다. 황진이가 진심으로 사랑했을 어느 한 남자는 오히려 세상에 알려지지 않은 이였을 수도 있다. 세상 사람들이 다 아는 그 잘난 남성들이 아니라 그저 그녀가 제 가슴속에만 담아두고 아무에게도 말하지 않은, 이름 없이도 아름다운 어느 운 좋은 사내였을지도 모른다.

황진이는 우아하고 가냘픈 용모와 어울리지 않게 성격이 대범하고 화통했다. 남의 시선이나 평가에는 신경 쓰지 않고 오로지 자신이 원하는 대로 살았다. 명창 이사종과 그의 집에서 3년, 제 집에서 3년, 모두 6년을 동거하는 등 그 시대에 이미 계약연애를 했다는 것만 보아도 그렇다. 심지어 말년에는 모든 것을 버리고 전국 방방곡곡을 여행했다. 『어우야담』에 따르면 이때 재상 가문의 이생을 꼬드겨 함께 금강산 유람을 다녔는데, 굵은 삼베옷을 입고 망태를 쓴 허름한 행색이었다고 한다. 그녀는 절에서 음식을 구걸하고 스님들에게 몸을 팔아 노자를 마련하기도 했다. 『성옹지소록』에도 그 무렵의 이야기가 나온다. 1년간 산천을 떠도느라 거지꼴이 된 그녀가 태백산과 지리산을 거쳐 나주에 이르렀을 때였다. 마침 그 마을에서 중국으로 갈 사신의 환송 잔치가 벌어지고 있었는데, 배가 고팠던 황진이는 그 자리에 끼어들었다. 그리고 음식을 얻기 위해 가야금을 뜯으며 노래를 부르니 사람들이 그 솜씨에 모두 깜짝 놀랐다고 한다.

그렇듯 황진이는 무엇에도 얽매이지 않은 자유분방한 삶의 태도로 권위적인 조선사회의 신분제도와 인습을 조롱한 여장부였다. 『청구영언』, 『연려실기술』, 『송도기이』 등의 책들이 그와 같은 사실을 뒷받침해준다. 오죽하면 『중경지』에서 서경덕의 도학, 박연폭포의 위용, 황진이의 미색과 기개를 '송도삼절'松都三絶이라 했겠는가.

그녀는 죽음을 앞둔 자세도 예사롭지 않았다. "내가 죽으면 곡을 하지 말고 북을 두드려라, 산에 묻지 말고 큰길에 묻어라, 혹은 관도 쓰지 말고 동문 밖에 시체를 버려라, 그래서 짐승과 벌레 들의 밥이 되게 하여 세상 사람들의 경계로 삼아라" 등의 말을 남겼던 것이다. 평생 그녀를 동경했던 백호 임제는 평안도사로 부임하러 가는 길에 송도에 들렀다가 황진이가 숨을 거둔 것을 알고 절망했다. 그는 곧장 술과 잔을 들고 무덤을 찾아가 눈물을 흘리며 시조를 지어 바쳤다.

> 청초靑草 우거진 골에 자는다 누웠는다
>
> 홍안紅顏은 어디 두고 백골만 묻혔나니
>
> 잔盞 잡아 권할 이 없으니 그를 슬퍼하노라

그러나 나라의 관리로서 체통을 지키지 않고 일개 기생을 추모했다는 이유로 결국 그는 파면을 당했다. 조선시대 조선땅은 그렇게나 고지식하고 폐쇄적이며 권위적인 곳이었다. 그러니 반상班常이 다르고 남녀가 다르던 그 철저한 신분사회에서 비천한 기생으로 살았음에도 천하의 남성들을 휘어잡고 천하의 산천을 누볐던 황진이는 실로 운명의 족쇄를 떨쳐낸 용감하고도 자유로운 영혼의 상징이었다고 하겠다. ●

황진이

기녀 · 시조시인 ● 개성 출신으로, 확실한 생존 연대는 미상이나
조선 중종 대에 활동한 것으로 알려져 있다. 출생에 관해서는
황 진사의 서녀로 태어났다고도 하고 맹인의 딸이었다고도 하나
확실한 것은 알 수 없으며, 열다섯 살 무렵에 기생이 되었다고
한다. ● 야사 외에는 그녀의 삶에 대해 알려진 바가 별로
없으나 지족선사, 벽계수 등 남성들과의 연애담이나 자유분방한
삶에 대해서는 다양한 일화가 전해지고 있다. 『어우야담』,
『송도기이』, 『금계필담』 등 조선시대 설화를 기록한 문헌에 황진이
관련 일화가 실려 있다. ● 작품으로 시조 6수와 한시 8수가
남아 있으며, 주로 남녀 간의 애정을 섬세하면서도 자유분방한
문체로 표현한 작품들이 널리 사랑받고 있다.

『황진이, 선악과를 말하다』, 문화영 지음, 아루이프로덕션, 2005
『나, 황진이』, 김탁환 지음, 푸른역사, 2006

삶은 갔지만 시는 남았네

실비아 플라스

　세상을 떠난 이들 중에 유명한 여성은 유명한 남성보다 훨씬 적다. 그리고 유명한 여성 중에서 행복한 삶을 살았던 여성은 불행한 삶을 살았던 여성보다 훨씬 적다. 적은 정도가 아니라 거의 없다(유명하지 않은 보통 여성들의 삶이야 더 말해 무엇하랴). 그것이 나를 슬프게 한다. 내가 사랑한 여자들이 다들 불행했다는 것이. 허난설헌이, 전혜린이, 프리다 칼로가, 버지니아 울프가, 그리고 지금 이 글에서 다룰 실비아 플라스가.

하지만 비극적 삶의 표본으로 꼽혀온, 2005년 국내에서도 개봉된 귀네스 펠트로 주연의 영화 〈실비아〉의 주인공인, 요절한 미국 시인 실비아 플라스는 일기장에 다음과 같은 예이츠의 문장을 적어놓았다.

삶을 비극이라고 느끼는 순간, 우리는 비로소 삶을 시작한다.
We begin to live when we have conceived life as tragedy.

1963년 2월 11일. 폭설은 그치지 않고 거리는 얼어붙고 자동차는 멈춰 섰던 그 혹한의 아침, 실비아는 잠든 아이들의 방에 가스가 스며들지 않도록 문틈을 젖은 천으로 완벽하게 틀어막았다. 그리고 주방의 가스 밸브를 열고 오븐에 천천히 자신의 머리를 들이밀었다.

오전 아홉 시쯤 그녀의 집에 도착한 파출부는 잠긴 문밖에서 한참을 기다리다가 마침 건물을 수리하러 온 일꾼들의 도움으로 간신히 문을 열었다. 집 안에는 가스 냄새가 진동하고 있었고 주방에 쓰러진 실비아의 옆에는 쪽지가 한 장 놓여 있었다.

'제발 의사를 불러주세요.'

거기엔 의사의 전화번호까지 적혀 있었다. 그러나 실비아는 이미 죽은 상태였다. 세 번째의 자살 시도가 마침내 성공을 거둔 순간이었다. 당시 그녀의 나이 만 서른 살. 자살의 이유는 남편의 외도로 인한 충격, 별거 후의 극심한 생활고와 아이들 양육의 어려움, 100년 만의 강추위 속에 찾아온 우울증 등이었다.

죽은 후에 신화가 되고 전설이 되고 순교자가 된 실비아의 삶은 그렇듯 비극적이었다. 하지만 일기장에도 썼듯 그녀는 '삶을 비극이라 느끼는 순간 비로소 삶이 시작된다'고 믿었다. 죽기 위해 자살한 것이 아니었다. 죽음을 통해 그녀는 오히려 살고자 했던 강렬한 생의 의지를 표출하려 했던 것이다.

실비아 플라스의 이름을 언급하면 대부분의 사람들은 세 가지 사항을 먼저 떠올린다. 첫째는 가스 오븐을 죽음의 도구로 택한 그녀의 처참한 최후, 둘째는 영국의 천재 시인 테드 휴스와의 세기적 로맨스, 셋째는 그녀의 과격하고 파괴적인 대표작 「아빠」Daddy.

다음은 그 시의 마지막 두 연이다.

만일 제가 한 남자를 죽였다면, 난 둘을 죽인 거예요.

자신이 곧 나라고 하면서 일 년 동안

내 피를 빨아먹은 흡혈귀,

사실을 말하자면 칠 년 동안이지만.

아빠, 이젠 누우셔도 돼요.

If I've killed one man, I've killed two

The vampire who said he was you

And drank my blood for a year,

Seven years, if you want to know.

Daddy, you can lie back now.

당신의 살찐 검은 심장엔 말뚝이 박혔고

마을 사람들은 당신을 결코 좋아하지 않았어요.

그들은 춤추며 당신을 짓밟고 있어요.

그들은 그게 당신이라는 걸 언제나 **알고** 있었죠.

아빠, 아빠, 이 개자식, 이젠 끝났어.

There's a stake in your fat, black heart

And the villagers never liked you.

They are dancing and stamping on you.

They always *knew* it was you.

Daddy, daddy, you bastard, I'm through.

시 속의 아빠는 그녀의 실제 아버지가 아니다. 가부장제 사회의 권위적이고 폭력적인 남성의 상징이라고 페미니스트 평자들은 말한다. 실제로 실비아에게 이 시를 쓰게 한 동력은 여성을 억압했던 1950년대 미국사회에 대한 분노일 수도 있고, 그녀의 나이 여덟 살에 세상을 뜬 아버지에 대한 회한일 수도 있으며, 다른 여자와 바람을 피우고 가족을 버린 남편 테드 휴스에 대한 증오일 수도 있다.

실비아는 로댕의 그늘에 묻혀 자신의 재능을 세상에 충

1956년 파리 신혼여행에서, 실비아와 테드

분히 드러내지 못했던 카미유 클로델처럼, 생전에 테드 휴스의 그늘에 가려 자신의 시적 재능을 꽃피우지 못했다. 그녀는 영국 케임브리지 대학에 유학 중이던 25세에 테드를 만났다. 두 사람은 서로 첫눈에 반했다. 테드가 그녀의 목에 키스를 하는 동안 그녀가 그의 뺨을 물어뜯어 피가 철철 흘렀다는 이야기는 이제 전설이 되었다. 약 4개월 후에 두 사람은 결혼했다. 얼마 안 있어 테드는 첫 시집을 발간하고 시인으로서 승승장구하게 되었다. 실비아는 일기장에 썼다.

테드가 먼저라서 정말 기쁘다. (…) 그이의 원고가 퇴짜를 맞으면 내 슬픔은 두 배도 넘거니와, 그이의 시가 수락되면 내 시가 선택된 것보다 더 기쁘니까. 그이는 꼭 내 자아에 대한 완벽한 남성적 대응물인 것 같은 느낌이 든다.

그러나 테드가 그녀의 보조를 받으며 점점 더 유명해지는 동안 그녀는 가정을 돌보는 일에만 매달려야 했다. 그녀는 남편의 재능을 인정하면서도 한편으로는 자신도 뛰어난 시를 써서 세상에서 인정받고 싶다는 욕망으로 괴로워했다. 그녀는 남녀가 불평등한 사회현실에 대해 끊임없이 의문을 가졌다.

결혼이 내 창조력의 즙을 짜내 시들게 만들고, 글과 그림을 통해 표현하고자 하는 내 욕망을 말살해버릴 것인가?

어째서 여자들이 기껏 남의 정서를 맡아 관리해주는 관리인이나 아기 보는 사람, 남자의 영혼과 육체와 자존심을 먹여 살리는 유모 노릇을 해야 한단 말인가?

나아가 자신이 사랑하고 신뢰했던 테드가 바람을 피우고 있었다는 사실을 알게 되면서 그녀는 큰 충격을 받았다. 결국 두 사람은 이혼했고, 그녀는 혼자 아이들을 키우게 되었다. 그리고 테드를 만나고 4개월 후에 결혼했던 것처럼 그와 헤어지고 4개월 후에 자살했다. 이 사건은 1960년대 초부터 꿈틀대기 시작하던 미국 페미니즘 운동의 불씨가 되었다.

실비아의 인생은 드라마의 요소를 모두 갖추고 있다. 뛰어난 문학적 재능으로 축복받았던 유년과 학창시절, 천재 시인으로 칭송받은 테드와의 열정적인 사랑, 남편의 성공과 배신, 이혼, 자살. 그녀는 테드와 헤어진 후 대학시절의 자살 시도 및 정신병원에서의 치료과정을 기록한 자전소설 『벨 자』The Bell Jar를 출판했다. 공교롭게도 훗날 자신의 대표작이 된 시들을 쓴 것도 이혼 후였다. 그녀는 한 달간 신들린 것처럼 무려 서른 편 이상의 시들을 썼다. 당시 영미 문단에 일대 파장을 일으킨 유고집 『아리엘』Ariel은 이때 완성되었다. 아마 그녀는 자신이 당시 평생의 역작들을 쓰고 있음을 본능적으로 알았던 것 같다. 자살하기 4개월 전인 1962년 10월 어머니에게 보낸 편지에 그녀는 썼다.

저는 천재 작가예요. 제 안에는 굉장한 자질이 있어요. 저는 제 생애 최고의 시들을 쓰고 있어요. 이 시들로 저는 유명해질 거예요…….

『아리엘』은 남성중심의 사회를 강도 높게 비판하고 억압받는 여성으로서의 고통을 섬뜩하리만치 처절한 목소리로 담아냈다. 남성의 지배에서 벗어나 건강하고 당당한 삶의 주체로 부활하자는 내용을 담은 이 시집은 문자 그대로 실비아 자신의 이야기에 다름없다.

한편 그녀가 죽은 후 테드는 평생 동안 '살인자' 오명을 뒤집어쓰고 살아야 했다. 영국 왕실로부터 계관시인 칭호를 받는 영예까지 누렸음에도 강연이나 낭송회를 할 때마다 실비아의 지지자들로부터 거센 비난을 받았고, 실비아의 묘비에 새겨진 '휴스'Hughes라는 성姓은 몇 차례나 지워졌다가 다시 쓰이는 수모를 겪었다. 더욱이 이혼의 결정적 이유가 되었던 두 번째 부인마저 실비아와 똑같이 가스 자살을 택하자 그는 페미니스트들의 절대적인 표적이 되었다.

실비아가 남겨놓은 불행한 뒷이야기는 그것만이 아니다. 그녀가 자살할 당시 위층에서 잠들어 있었던 두 자녀 중 아들인 니콜라스는 2009년, 어머니를 따라 마흔일곱의 나이로 자살했다. 딸인 프리다가 현재 시인으로 활동하며 문단의 주목을 받고 있는 것이 그나마 위안이라면 위안일까.

나는 궁금하다. 실비아는 정말 죽고자 했을까. 잠든 아이들이 깨어나서 배가 고플까 봐 침대 옆에 빵과 우유까지 준비해놓고, 자신을 발견하는 즉시 의사를 불러달라고 메모까지 남기고서 말이다. 시「라자로 부인」Lady Lazarus에서 그녀는 말했다.

죽는다는 것은

예술, 다른 모든 일들에서처럼.

난 그것을 예외적으로 잘한다.

Dying

is an art, like everything else.

I do it exceptionally well.

　평생 세 번의 자살 시도를 했지만 사실 그녀는 정말로 죽고자 했던 것이 아닐지도 모른다. 죽음을 통해 치열한 생의 의지를 다시금 확인하고자 했던 것인지도. 죽음조차도 예술혼을 불사르기 위한 하나의 단계로 밟고 가려 했던, 삶과 죽음과 예술이 곧 하나였던 실비아의 목소리가 그래서 나는 그녀 사후 약 반백 년 세월이 흐른 지금도 아픈 것이다.

　어쩌면 이 세상의 작가들은 두 종류로 나뉘는지도 모르겠다. 하나는 실제 현실의 삶과 언어로 세운 허구의 삶을 때에 따라 구분하고 그 간극을 조율하며 글을 쓰는 작가. 나머지 하나는 현실의 삶과 허구의 삶을 분별하지 않고 글에 삶을 통째로 던지는 작가. 삶이 곧 글이요, 글이 즉 삶인 사람. 삶이 죽으면 글도 죽고 글이 살면 삶도 사는, 그래서 한 자 한 자 쓸 때마다 존재가 온통 아픈 작가. 나는 전자에 속하는 글쓰기를 하기 때문에 내가 가지지 못한 것을 가진 후자를 부러워하고 시샘하며 또한 사랑한다.

　바로 실비아 플라스 같은 작가들을.　●

실비아 플라스

시인 · 소설가　●　어린 시절의 실비아는 적극적이었고 성적도
우수했으며 뛰어난 문학적 소양을 갖고 있었다. 1950년 장학생으로
스미스 대학에 입학해 영문학을 전공한 그녀는 당시 이미
400편이 넘는 시를 쓰고 공모에 단편소설을 선보일 만큼 영민한
재능을 표출했다. 그러나 이 시기에 우울증이 심해져 수면제를
먹고 자살을 시도하기도 했다.　●　스미스 대학 졸업 후, 영국
케임브리지 대학에서 공부하던 그녀는 시인 테드 휴스를 만나
1956년 6월 결혼했다. 1960년에 큰 딸 프리다를, 1962년에는
아들 니콜라스를 낳았고 이 시기에 첫 시집 『거상』을 출간했다.
같은 해 10월, 남편 테드의 외도 사실을 알고 별거에 들어가는데,
이때 대표작 「아빠」를 비롯해 서른 편이 넘는 작품을 한꺼번에
썼다. 그리고 가명으로 출판한 자전소설 『벨 자』는 호평을
받았다.　●　남편과 별거 4개월 만인 1963년 2월, 실비아는
자살로 생을 마감했다. 실비아가 죽자 그녀의 글을 모아 출판하는
일은 테드에게 맡겨졌는데, 이 과정에서 그는 자신에게 불리한
내용이 담긴 그녀의 일기를 일부 없앤 것으로 알려졌다.

『실비아 플라스의 일기』, 실비아 플라스 지음, 김선형 옮김, 문예출판사, 2004

삶은 갔지만 시는 남았네 ────

노벨상보다 더 위대한 이름, 어머니

펄 벅

펄 벅이라는 이름을 들으면 나는 먼저 좁고 어두운 방에서 아기를 낳고 있는 한 여인의 모습을 떠올리게 된다. 극심한 진통 끝에 출산을 하고 아기를 방에 눕혀놓은 후 아무 일도 없었다는 듯 다시 밭으로 일하러 가는 여인, 오란. 그 억척스럽고도 원시적인 어머니의 모습은 청소년기에 읽었던 펄 벅의 소설 『대지』The Good Earth에서 가장 인상적인 장면이었다. 작가가 소설 속의 주인공과 동일인도 아닌데 펄 벅이라는 이름을 들을 때마다 저절로 강인한 어머니 오란의 이미지를 연상하게 되었을 정도로 말이다.

진주를 뜻하는 아름다운 이름 펄Pearl. 그녀는 잘 알려진 대로 노벨문학상 수상 작가이자 퓰리처상 수상 작가다. 그녀의 대표작 『대지』는 수십 개국의 언어로 번역되어 지금도 전 세계에서 널리 읽히고 있다. 여기까지가 우리가 일반적으로 아는 펄에 대한 정보다. 그러나 펄이 인종과 국경을 초월하여 약자의 편에 섰던 인권운동가이자, 정신지체아 딸 때문에 평생을 괴로워했던 한 사람의 어머니이기도 했다는 사실을 아는 이는 드물다.

펄은 갓난아기 때 보수적이고 엄격한 선교사 아버지와 그에게 무조건 순종했던 어머니를 따라 고국인 미국을 떠나 중국으로 갔다. 그곳에서 스무 살 때까지 살았으니 미국이 아니라 중국이 그녀의 고국이라 할 만했다. 그러나 남성 우월주의자이자 서양 중심주의자였던 아버지가 중국인들과 자신들의 신분이 다르다고 믿고 그들과 철저히 거리를 두었으므로 그녀는 중국에 살면서도 중국에 동화될 수 없었다.

미국인의 정체성도 없고 중국인으로서의 자각도 없는 상태에서 펄은 아름답고 지적인 처녀로 성장했다. 18세에 그녀는 미국의 랜돌프메이컨 여대에 입학했다. 이때 처음으로 중국 가부장제 바깥의 세상을 경험하고 남녀가 원래 평등한 존재라는 것을 깨달았다.

우리는 건전한 교육을 받았고, 자신이 젊은 남성이 아니라 젊은 여성이라는 사실을 굳이 의식할 필요 없이 학교생활을 했다.

그곳에서 문학적 재능을 인정받고 학문적 성취도 거둔 펄은 대학 졸업 후 중국으로 돌아왔다. 그리고 미국인 농업학자 존 로싱 벅과 결혼하고 남편의 성 '벅'Buck을 얻었다.

펄은 제 이름에 붙은 벅이라는 성을 좋아하지 않았다. 남편을 좋아하지 않았기 때문이다. 불운하게도 로싱 벅은 펄의 아버지와 여러모로 비슷한 남성이었다. 그는 아내를 남편의 조력자 정도로만 여겨 가사를 펄에게 모두 떠넘기고 자신의 일에만 열중했다. 정신지체아 딸 캐럴에게도 아무 관심이 없었다. 당시에는 정신지체아에 대한 인식이 전무하다시피 했으므로 펄은 딸을 어찌해야 할지 몰라 괴로워하는 한편 딸의 존재를 부끄럽게 여겼다. 이 복잡한 심경은 훗날 소설 『자라지 않는 아이』The Child Who Never Grew에서 밝혔듯 그녀를 작가로 만든 주요 동기가 되었다.

펄이 자신의 작품세계 전체를 지배할 주제를 얻은 것도 그 무렵이었다. 역사의 격변기에 놓인 중국에서 1927년 국민정부군이 난징南京을 공격했을 때 가족이 몰살당할 뻔한 일을 겪은 후 동서양 간의 균열을 직시하게 되었던 것이다. 자신이 아무리 중국에 산다 해도 결국은 뼛속까지 미국인일 수밖에 없음을 깨달은 펄은 동서양 간의 갈등과 차이에 주목했다. 집필에 몰두하기 위해, 그리고 캐럴에게도 최선의 환경을 찾아주기 위해, 그녀는 고민 끝에 1929년 캐럴을 보육시설로 보냈다. 딸과의 이별은 펄 인생에서 가장 고통스러운 순간이었다.

아이는 끝까지 필사적으로 내게 매달렸다. 나는 그 작은 팔을 목에서 떼어내야 했다. 그것은 살에서 살을 떼어내는 일이었다.

미안함과 안도감과 분노와 슬픔으로 펄은 끊임없이 눈물을 흘렸다. 하지만 그런 아픔 뒤에 발표한 첫 작품『동풍 서풍』East Wind, West Wind은 미국에서 예상 밖으로 큰 인기를 누렸고, 마침내 1931년에는 그녀의 대표작이 된『대지』를 냈다. 빈농 출신이지만 훗날 대지주가 되는 왕룽 일가의 역사를 그린 이 장편소설은 세계 수십 개국에 번역 출간되었고 펄에게 엄청난 인기와 명성과 부 그리고 퓰리처상과 노벨문학상을 안겨주었다.

돈을 벌면 좋을 거야, 그것으로 캐럴을 평생 치료해줄 수 있으니까. 내게 캐럴보다 의미 있는 것은 없어.

『대지』의 성공으로 펄은 캐럴이 머물고 있는 시설에 4만

달러를 기부했고, 캐럴이 평생 극진한 보살핌을 받도록 배려했다. 그리고 자신의 작품을 출판해온 출판사의 사장 리처드 J. 월시와 연인이 되었다. 각자의 배우자와 이혼하고 둘은 1935년 재혼했다. 이는 미국문학 역사상 가장 성공한 작가와 가장 성공한 출판인의 결합이었다.

펄의 인생은 그때부터 다시 시작되었다. 그녀는 미국으로 돌아와 본격적인 작품활동과 더불어 인권운동을 펼쳤다. 장애아를 수치스러워하던 그 무렵의 사회 분위기 때문에 정신지체아 딸의 존재를 수십 년간 숨겨왔던 그녀는 비로소 그 사실을 대중 앞에서 용감하게 밝혔다. 그럼으로써 장애아와 그 부모를 대하는 사회의 편견과 국가의 관련 정책을 바꾸는 데 크게 기여했다.

이후 그녀는 1930년대 미국 내 인종차별 반대운동을 전개했다. 1942년에는 민족 간 편견을 극복하기 위한 동서협회를, 1949년에는 전쟁통에 부모를 잃은 아시아의 어린이들을 미국으로 입양하는 웰컴하우스를 설립했다. 자신도 이 기관을 통해 각기 피부색이 다른 일곱 명의 아이를 입양

했다. 또한 1964년에는 전쟁이 끝난 아시아 지역에 버려진 미국계 사생아들을 돕기 위한 펄 벅 재단을 세웠다.

펄의 이러한 활동은 많은 반공주의자들의 미움을 샀다. 펄은 스스로 공산주의를 반대한다고 밝혀 중국 및 공산주의자들에게도 미움을 샀다. 게다가 그녀가 작품활동보다 인권운동에 치중하면서 상대적으로 그녀의 소설들은 평단의 혹평을 받게 되었다. 일부 평론가들은 『대지』가 노벨상을 받은 것은 스웨덴 한림원의 치명적인 실수였다고 폄하했다. 펄의 문학적 성공이 독서 수준 낮은 여성 독자들 때문이라고 비웃기도 했다.

펄은 문학평론가들이 자신의 작품을 폄하하는 서평을 내놓을 때마다 겉으로는 초연한 것처럼 행동했지만 속으로는 번번이 상처를 받았다. 동생 그레이스에게 자신은 언젠가 평론가들의 손에 죽을 거라고 불만을 털어놓은 적도 있었다. 사실 평론가들의 공격은 그녀가 본격적으로 인권운동을 하기 전부터 있어왔다. 노벨문학상 수상 2년 후인 1940년 가을에 이미 그녀가 『새터데이 리뷰』에 발표한 글에는 다음과 같은 부분이 있다.

나는 전반적으로 작가들이 상당히 자신을 불신하며 인정을 받지 못하면 대다수의 사람들보다 더 쉽게 풀이 죽는다고 생각한다.

왜 아니겠는가. 문학은 수학이 아니다. 문학작품에는 정답이 없다는 말이다. 따라서 자신이 쓴 작품이 옳은 답인지 그른 답인지 스스로도 판단할 수 없으므로 다른 사람들의 판단에 신경 쓸 수밖에 없다. 그러나 노벨문학상 수상작가가 이런 식으로 세간의 평에 의기소침해하고 불안해하는 경우는 극히 드물다. 펄은 자신을 예술가라기보다 이야기꾼이라고 믿었고 진심으로 자신의 노벨상 수상이 부당하다고 생각했지만, 그러한 그녀의 진심이 평론가들의 혹평 세례를 차단해주지는 못했다.

나아가 펄이 리처드와 사별한 후 새롭게 사귄 연하의 애인 때문에 그녀의 평판은 더더욱 나빠졌다. 30세의 젊은

춤 선생이었던 테드는 사리분별력이 흐려진 70대의 늙은 펄을 쥐락펴락하며 그녀의 돈으로 사리사욕을 채웠다. 펄은 그가 펄 벅 재단의 공금을 횡령한다는 사실을 알면서도 그를 옹호했다.

그러나 이러한 비난들 속에서도 펄은 언제나 열정적이었다. 그녀는 소외된 자들의 인권과 여성의 권리신장을 위한 활동에 전력을 다했고, 언제나 약자를 먼저 위해야 한다는 신념을 굽히지 않았다. 그 와중에도 그녀가 출간한 책은 자그마치 70권이 넘는다. 소설, 희곡, 시, 여행기, 아동문학 등 장르도 다양하다. 당시에 문학적으로 어떤 평가를 받았든 그녀의 작품은 현재까지도 전 세계 수많은 독자들에게 사랑받고 있다. 또한 거의 반세기 전에 세워진 펄 벅 재단은 지금도 한국을 비롯한 세계 11개국에서 혼혈아뿐 아니라 고아, 장애우 등 가난이나 차별로 고통받는 약자들이 새로운 인생을 시작하게 도와주고 있다.

그러니 펄은 그 모든 이들의 어머니인 것이다. 『대지』의 여주인공 오란처럼 강인하고 인자하고 따뜻한, 우리 모두의 어머니. 물론 그녀는 어머니인 동시에 위대한 예술가이기도 했지만 펄이 삶에서 가장 중요하게 생각한 것이 무엇인지는 그녀의 말을 통해 짐작할 수 있다.

나는 예술이 어떤 것이라고 정의하지 않으며, 그것이 예술인지 아닌지 말할 수도 없다. 하지만 그것이 삶이라는 것은 알고 있으며, 소설 속에서 둘 다 가질 수 없다면 예술보다는 삶을 갖는 것이 더 낫다고 믿는다.

예술보다 더 중요한 것이 삶이라고 믿었다는 점에서 이미 삶 자체가 빛날 수밖에 없었던 아름다운 예술가. 아름다운 여성, 아름다운 어머니 펄. 그녀에게 경배를. ●

펄 벅

PEARL S. BUCK, 1892~1973

작가·인권운동가 ● 미국 웨스트버지니아 주에서 태어난
지 얼마 안 되어 선교사였던 부모를 따라 중국으로 건너갔다.
그곳에서 유년을 보낸 뒤 대학 진학을 위해 미국으로
돌아왔으나, 학업을 마친 뒤 다시 중국으로 갔다. 1917년
중국농업연구의 세계적 권위자 존 로싱 벅과 결혼하여 두 딸을
낳았다. ● 중국에서 삶의 대부분을 보냈으나 이방인일 수밖에
없었던 자리에서 느낀 균열을 그녀는 문학을 통해 그려보였다.
1930년 중국 내 동서양 문명의 갈등을 다룬 장편소설
『동풍 서풍』으로 화려하게 데뷔한 뒤 이듬해부터 1935년까지
『대지』 3부작을 출간했는데 이 작품으로 1938년, 미국
여류작가로는 처음으로 노벨문학상을 수상하며 세계적인 명성을
얻었다. ● 제2차 세계대전 이후에는 글쓰기에 머무르지 않고
현실로 뛰쳐나와, 다양한 인권운동에 헌신했다. 미국 내 인종차별
철폐에 앞장섰고, 전쟁으로 상처받은 아시아 각국의 어린이
입양을 위한 활동을 펼쳤다.

『펄 벅 평전』, 피터 콘 지음, 이한음 옮김, 은행나무, 2004

시대에 미치고 사랑에 미치고 조각에 미치고

카미유 클로델

몇 해 전 파리에 갔을 때였다. 그곳을 떠나던 날 저녁, 혼자 로댕미술관을 찾았다. 매표소 직원이 조금 전에 입장 시간이 끝났다며 내일 다시 오라고 했다. 다음 날이면 한국에 있게 될 나는 간발의 차로 입장하지 못한 것이 억울하여 차마 돌아서지 못하고 애꿎은 시계만 들여다보았다. 안내원이 물었다.

"당신도 카미유 클로델을 보러 왔나요?"

카미유 클로델이라니. 여긴 로댕미술관이 아닌가. 어안

이 벙벙해 있는 내게 그녀는 웃으며 덧붙였다.

"여성 관람객들은 대부분 로댕보다 카미유 클로델을 더 많이 찾더군요."

그곳 1층의 6전시실에 클로델의 작품들이 따로 전시되어 있음을 그때의 나는 알지 못했다. 하지만 거기에 클로델의 작품도 있느냐는 질문 대신 다른 질문을 던졌다.

"어째서요?"

안내원은 여전히 웃으며 어깨를 으쓱했다. 자신도 모르겠다고 했던가, 그거야 물론 카미유 클로델이 남자 때문에 인생을 망친 비운의 여성 천재이기 때문 아니겠느냐고 했던가. 그녀가 무어라고 대답했는지는 기억이 잘 나지 않는다. 다만 여성들이 로댕보다 클로델을 더 찾는다던 말만이 묘하게도 가슴에 또렷이 남아서, 나는 귀국한 후에도 종종 입장도 못한 그 전시실 안의 풍경을 상상해보고는 했다. 그래서 어느 순간부터인가 파리는 내게 다른 무엇이 아니라 미처 만나지 못한 카미유 클로델이 있는 도시가 되었다.

알려진 대로 클로델은 19세기 프랑스의 천재적인 여성 조각가다. 그러나 당시 사회는 그녀를 훗날 '근대 조각의 아버지'라고까지 칭송받게 되는 그 시대 최고의 조각가 로댕의 조수이자 연인이자 그에게 영감을 준 뮤즈로만 인식하고자 했다. 그것이 클로델을 고통스럽게 만들었다. 물론 시대뿐 아니라 사람도 그녀를 고통스럽게 만들었다. 그녀가 깊이 사랑하고 오래 증오했던 사람, 오귀스트 로댕.

13세에 조각의 기초를 배우고 17세에 남동생의 청동 흉상을 만들면서 본격적으로 조각에 재능을 드러내기 시작한 클로델이 로댕을 처음 만난 것은 그녀의 나이 19세 때였다. 43세의 잘나가는 조각가였던 로댕은 클로델의 아름다움, 그녀의 조각에 대한 재능과 열정에 매혹되었다. 두 사람은 곧 연인이 되었고 작업의 동반자가 되었다. 그로부터 불과 5년 후에 자신의 작품 〈사쿤탈라〉로 프랑스 예술인 살롱전에서 최고상을 받을 만큼 클로델의 재능은 남달랐다. 그녀는 로댕이 〈지옥의 문〉과 〈칼레의 시민〉을 만드는 것을 도왔다. 로댕을 위해 스스로 작품의 모델이 되어

주기도 했다. 무엇보다 그녀는 로댕에게 섬세하고 우아하면서도 격정적인 사랑의 감정을 형상화하도록 이끌어 그의 작품세계 전체를 변화시켰다. 〈입맞춤〉이나 〈영원한 우상〉 등이 그 대표적인 작품들이다.

로댕은 22년을 함께해온 동거녀 로즈 뵈레를 버리고 클로델을 택하겠다고 약속했다.

전람회가 끝나면 우리는 이탈리아로 떠나 그곳에서 적어도 6개월간 머무를 것이며, 흔들림 없는 관계를 시작하여 이후 마드무아젤 카미유는 나의 아내가 될 것이다.

— 1886년, 로댕이 클로델에게 보낸 편지에서

하지만 로댕은 뵈레를 떠나지 않았다. 평생 그의 바람기와 배신을 묵인하며 살아온 조강지처 뵈레와 달리 클로델은 독립적이고 다혈질이며 자의식이 강한 여성이었다. 그녀는 로댕과 헤어지고 다시 만나기를 반복하다가 마침내 1893년, 그에 대한 신뢰를 버리고 그의 작업실을 완전히

시대에 미치고 사랑에 미치고 조각에 미치고 ──────

떠났다.

클로델은 예술가로서 독립을 선언하고 자신의 작업실을 마련했다. 왕성한 창작욕으로 〈클로토〉와 〈중년〉, 〈페르세우스와 고르곤〉, 〈깊은 생각〉 등의 작품을 완성했다. 그러나 19세기 프랑스에서 여성 예술가로 살기란 쉬운 일이 아니었다. 당시 파리의 국립미술학교 '에콜 드 보자르'가 여학생의 입학을 불허했다는 사실만으로도 짐작할 수 있을 것이다. 비평가들은 끊임없이 클로델의 작품을 로댕의 작품과 비교하고 그녀를 로댕의 아류로 폄하했다.

제 〈클로토〉를 로댕의 데생에서 영감을 얻었다고 비난하셨더군요. 제 〈클로토〉가 어디까지나 창조적인 작품임을 선생에게 입증하는 것은 어려운 일이 아닙니다. 로댕의 데생에 대해서는 알지도 못하거니와, 저는 충분치 못하기는커녕 아이디어가 너무 많다고 해야 할 저 자신에게서 제 작품을 이끌어낼 뿐이라는 점을 분명히 말씀드리고 싶습니다.

— 1899년, 클로델이 '유럽 아티스트' 대표 모리스 기유모에게 보낸 편지에서

그녀는 로댕이 자신의 성공을 방해하고 있다고 생각했다. 세간에 알려진 것과 달리 사실 로댕은 클로델과 헤어진 후에도 그녀를 사방에 소개하고 그녀의 이름을 딴 미술관을 지으려 하는 등 여러모로 그녀를 돕고자 했다. 그러나 클로델의 피해망상은 점점 심해졌다. 돈벌이는 제쳐두고 오직 작업에만 몰두했기 때문에 재정난도 심각했다. 집세를 내지 못해 재산을 압류당한 것도 여러 차례였다. 극도의 불안과 우울 속에서 그녀는 아예 작업실 밖으로 나가지 않게 되었다. 분노를 이기지 못해 자신의 작품들을 망치로 부숴버리기까지 했다.

급기야 1913년 가족의 요청에 의해 클로델은 정신병원으로 끌려갔다. 과대망상과 편집증 진단을 받은 그녀는 장장 30년의 유폐 기간 동안 가족 중에서 유일하게 정서적 교류가 있었던 남동생 폴에게 수시로 편지를 썼다. 그녀 사후에 공개된 편지들은 로댕과 그 일당이 자신의 작품을 강탈하고 병원에 감금했다는 등 로댕에 대한 적개심과 자신을 퇴원시켜달라는 절박한 호소로 가득하다. 그러나 그녀의 어머니는 한 번도 딸에게 면회 가지 않았다. 그녀를 퇴원시키려는 폴의 시도도 어머니의 반대로 무산되었다. 클로델의 어머니와 아버지는 전형적인 19세기 부모였다. 시대와 불화할 수밖에 없는 예술가 딸의 존재를 인정할 수가 없었던 것이다.

일찍이 클로델의 재능을 알아보았던 예술상 외젠 블로는 그녀가 정신병원에 갇혀 있다는 사실을 몹시 안타까워했다.

당신은 결국 '당신 자신'이었습니다. 로댕의 영향력에서 완전히 벗어나, 솜씨에서뿐 아니라 상상력의 영역에서도 위대한 일가를 이루었습니다. 당신의 서명이 있는 첫 작품은 갤러리를 대표하는 작품 중 하나입니다. 볼 때마다 형언할 수 없는 감정을 느낍니다. (…) 당신에게는 천재성이 있었습니다! 이것은 과장된 말이 아닙니다. 당신은 왜 우리에게서 이런 아름다움을 앗아갔단 말입니까?

— 1932년, 블로가 클로델에게 보낸 편지에서

그럼에도 클로델은 1943년 10월 19일 숨을 거둘 때까지 병원을 벗어나지 못했다.

스스로 폐기해버린 탓에 몇 점 남아 있지 않은 그녀의 작품들을 나는 도록으로만 보았다. 실제 작품이 아닌 사진일 뿐인데도 그것들의 아름다움과 힘과 광휘는 지면을 뚫고 나올 듯 압도적이었다. 특히 〈애원하는 여인〉이나 〈왈츠〉는 보면 볼수록 그녀가 왜 정신병원에 갇혀야 했는지 막연히 이해할 수도 있을 같은 감정을 불러일으킨다. 인물의 자세와 표정, 구도 등에서 드러나는 파격과 관능과 서정이 당시 남성 예술가에게만 허용된 것이면서 동시에 그들은 결코 표현할 수 없는 절대적 미의 경지에 이르러 있었기 때문이다. 결국 그녀를 이해하지도 못하고 용인하지도 못한 시대가 그녀를 미치게 하고 그녀를 죽인 것이 아닐까.

파리 시내의 생 루이 섬에는 아직도 그녀의 작업실이 남아 있다고 한다. 미처 만나지 못한 카미유 클로델이 있는 도시 파리에 다시 가게 된다면 나는 그곳부터 들를 것이다. 물론 로댕미술관에도 갈 것이다. 로댕보다 클로델을 더 궁금해하는 많은 여성관람객 중의 한 사람으로서 말이다.

그런데 왜 하필 로댕미술관에 카미유 클로델의 작품이 전시되어 있는 것일까? 저세상에서 클로델이 이 사실을 안다면 그녀는 과연 어떠한 반응을 보일까? ●

카미유 클로델

조각가 ● 일찍이 딸의 재능을 알아본 아버지 덕분으로 파리로 이주하여 조각을 배웠다. 열아홉 살 되던 해, 어릴 적 가정교사이자 조각을 가르쳐준 알프레드 부셰의 소개로 마흔두 살의 오귀스트 로댕을 만났다. 어린 나이임에도 불구하고 능력을 인정받아 로댕의 아틀리에에서 제작조수가 되었고, 이후 로댕의 제자이자 작품의 모델, 연인이 되었다. ● 1888년 클로델은 파리미술전람회에서 〈사쿤탈라〉를 발표하여 인정받으며 조각가로서 우뚝 서는 듯했다. 하지만 로댕과의 사랑과 조각가로서의 홀로서기 사이에서 방황하다가 결국 로댕의 그림자를 벗어나지 못하고 열등감, 열패감에 사로잡혀 고통에 시달렸다. ● 작품 대부분을 스스로 깨트렸기 때문에 남아 있는 작품이 많지 않지만, 프랑스 파리의 로댕미술관에는 로댕과 클로델이 빚은 서로의 초상, 로댕이 클로델을 모델로 만든 〈회복〉, 클로델의 작품 〈왈츠〉 등이 전시되어 있다.

『카미유 클로델』, 카미유 클로델 지음, 김이선 옮김, 마음산책, 2010

듣는 것만으로도 마음 따뜻해지는 이름

마더 테레사

거룩하다, 고결하다, 성스럽다…….

우리말 형용사인데 평소 쓸 일이 거의 없기도 하거니와 쓸 일이 있다 해도 어쩐지 쓰기가 망설여지는 단어들이 몇 있다. 아마 그 의미가 너무 크고 너무 높아서 비현실적으로 느껴지기 때문일 것이다. 그러나 이 한 사람에 대해 이야기하면서 위의 단어들을 비켜 가기란 쉽지 않으리라는 생각이 든다.

거룩하고 고결하고 성스러운 삶을 살았던 사람, 마더 테레사.

그녀는 사랑하고 봉사하는 삶의 상징이고 아이콘이다. 고유명사이면서 보통명사이고 대명사이다. 그녀의 삶에는 흠이 없다. 성자의 삶에 대한 이야기는 다소 싱겁고 지루할 수 있다. 그러나 싱겁고 지루한 성자의 이야기가 주는 힘이 없지 않음을 우리는 또한 안다.

'테레사 효과'The Mother Teresa Effect라는 용어가 있다. 1998년에 하버드 의대에서 행한 실험 결과에 따르면, 대가를 받고 일했을 때보다 무료 봉사 차원에서 일했을 때 피실험자의 체내에서 바이러스와 싸우는 면역 물질이 훨씬 증가했다고 한다. 흥미로운 사실은 피실험자들에게 테레사 수녀의 전기를 읽혔더니 마찬가지로 면역 기능이 크게 향상되는 결과가 나왔다는 것이다. 봉사활동을 직접 하게 한 것도 아니고 그저 책을 읽혔을 뿐인데 말이다. 이는 테레사 수녀의 삶이 다른 사람에게 어떤 파장을 일으키는지, 얼마나 큰 힘을 발휘하는지를 짐작하게 해준다. 하여 상기 실험 이후로 사랑의 힘, 혹은 그것이 인간의 건강에 미치는 긍정적인 영향을 통틀어 '테레사 효과'라 일컫게 되었다고 한다.

세계는 가장 큰 것을 잃었다. (…) 특히 인도는 테레사 수녀의 사망으로 더욱 가난해졌다. 간디가 인도에 속하고 자신의 뜻대로 인도를 세웠다면 마더 테레사는 인도를 세계의 것으로 만들었다.

1997년 테레사 수녀가 심장마비로 세상을 떠났을 때 인도 총리는 이러한 말로 그녀의 죽음을 애도했다. 테레사 수녀. 마더 테레사. 빈자들의 성녀. 그녀를 일컫는 표현들은 그밖에도 여러 가지가 더 있다. 그러나 그녀가 생각하는 것은 늘 하나였다.

나는 출생으로 따지면 알바니아 사람이다. 지금은 인도 국민이다. 그리고 가톨릭 수녀이기도 하다. 일과 관련해서는 전 세계에 속해 있다. 그러나 내 가슴은 언제나 오로지 그리스도에 속한다.

잘 알려져 있다시피 테레사 수녀는 온갖 전쟁으로 삭막하고 황폐해졌던 지난 20세기에 말보다 행동으로 사람들에게 사랑과 희망의 힘을 일깨워준 인물이다.

본명 아그네스 곤자 보야지우Anjezë Gonxhe Bojaxhiu. 1910년 유고슬라비아에서 태어난 아그네스는 신실한 가톨릭 신자였던 부모의 영향으로 어릴 때부터 남다른 신앙심을 보였다. 1928년 아일랜드의 로레토 성모 수도회에 들어가 수련을 마친 후 인도 캘커타에 있는 성 마리아 여자고등학교에 교사로 부임했다. 그곳에서 그녀는 6년 동안 재직했다.

그러던 어느 날, 그녀가 병원에서 잠시 봉사를 하고 있을 때였다. 한 남자가 병원으로 찾아왔다. 그는 품에 바싹 마른 나뭇가지 같은 것을 안고 있었다. 자세히 보니 그것은 죽어가는 어린 남자아이의 앙상한 다리였다. 남자는 병원의 수녀들에게 당신들이 이 아이를 받아주지 않는다면 당장 아이를 풀밭에 던져버릴 것이며 그러면 재칼이 좋아할 거라고 말했다. 테레사 수녀는 남자에게서 그 아이를 받아 품에 끌어안았다. 그러자 알 수 없는 기쁨과 안도와 연민이 뒤섞인 묘한 감정이 그녀의 가슴속에 차올랐다. 그리고 불현듯 '목이 마르다'는 예수의 목소리를 들을 수 있었다. 마침내 1937년, 그녀는 아무도 돌보지 않는 가난한 사람들을 위해 일생을 바치기로 결심했다.

이렇듯 테레사 수녀의 원대한 길은 아주 사소한 일에서 시작되었다.

그녀는 1944년에 성 마리아 학교의 교장이 되었다. 당시 학교 안팎으로 경제적 사정이 몹시 어려워 근무 환경이 좋지 않았을 뿐 아니라 먹을 것 또한 풍족하지 않았기에 원래 건강한 체질이 아니었던 테레사 수녀는 결핵에 걸렸다. 더 이상 수업을 할 수 없게 된 그녀는 히말라야 기슭의 언덕에 위치한 다질링으로 가야 했다. 그녀가 그리스도의 두 번째 목소리를 들은 것은 1946년, 바로 다질링으로 향하는 밤 기차 안에서였다.

'가난한 이들을 위해 살아라' 하는 그리스도의 부름을 들은 그녀는 곧 수녀원을 나왔다. 그리고 인도 콜카타의 빈민가에서 구호활동을 하게 해달라고 교황청에 요청했다. 그것은 결코 흔한 일이 아니었고 쉬운 일도 아니었으나 결국 그녀는 허락을 받아냈다.

1950년에 테레사 수녀는 인도에 아예 귀화했다. 그리고 '사랑의 선교회'를 설립하여 부모로부터 버려진 아기들을 돌보았다. 1952년에는 '죽어가는 사람들을 위한 집'을 세웠다. 당시 힌두교도들은 기독교인들이 그곳에서 선교 활동을 벌일 것이라 짐작하고 반대 시위를 벌였다. 그러나 시간이 지나면서 수녀들이 종교에 구애받지 않고 빈자와 병자 들을 위해 봉사하는 모습을 보고 감동하여 그들을 받아들이게 되었다. 그밖에도 테레사 수녀는 어린이 보호시설, 한센병 환자들을 위한 공동체마을, 장기요양원 등의 시설을 확충하며 가난하고 힘없고 병든 자들을 위해 끊임없이 헌신했다.

이러한 일련의 활동들과 관련하여 유명한 일화가 있다.

사랑의 선교회 수녀들에게 어느 날 한센병 환자 한 명이 찾아왔다. 테레사 수녀는 즉시 그를 안으로 들여 따뜻한 음식과 담요를 내주었다. 그러자 그 환자가 손사래를 치며 진지한 얼굴로 말했다.

제가 오늘 이곳에 온 것은 뭔가를 얻기 위해서가 아닙니다. 어디선가 수녀님이 큰 상을 받으셨다는 이야기를 들었습니다. 그래서 오늘 제가 구걸해서 번 돈을 수녀님께 선물로 드리려고 가져왔습니다. 약소하지만 제 선물을 받아주십시오.

나는 책에서 처음 이 대목을 읽었을 때 울었다. 사실 읽을 때마다 운다. 하늘이 열리고 땅이 갈라지는 것만 기적이라 할 수는 없을 것이다. 아무것도 없던 곳에 무엇인가가 생기는 것. 그것이 곧 기적이고 사랑 아니겠는가. 사랑이 또 다른 사랑으로 이어지는 기적을 그날 수녀들은 눈앞에서 확인했을 것이다.

모두가 테레사 수녀를 사랑했다. 그러나 일각에서는 그녀를 비판하기도 했다. 엄밀히 말해 빈곤은 개인의 문제라기보다 사회적이고 구조적인 문제인데 테레사 수녀가 그 본질을 외면하고 그것에 대한 자각도 없이 오로지 자선에만 신경 쓴다는 것이 그들이 내세운 비판의 근거였다. 물론 일리 있는 의견이었다. 그러나 그녀에 대한 비판은 오래가지 못했다. 모두가 여전히 테레사 수녀를 사랑했다. 모두가 변함없이 그녀를 존경했다.

테레사 수녀는 알고 있었다. 고통받고 있는 사람에게 당장 필요한 것은 구조적이고 근본적인 문제 해결이 아니라 단지 사랑이라는 것을. 그들에게 먼저 다가가 손을 잡아주는 것임을. 그 단순한 행동이 결국 그들에게 힘과 용기를 주고 나아가 세상을 더 나은 것으로 바꿀 수 있다는 것을 말이다.

또한 그녀가 없애고자 애썼던 가난은 단지 금전적인 빈곤만을 뜻하는 것이 아니었다. 사실 20세기는 물질적으로는 인류 역사상 그 어느 때보다도 풍요로웠지만 정신적으로는 몹시 가난하고 비참한 시대였다. 그녀는 물질적 가난보다 정신적 가난으로 고통받는 이들을 더 염려했다. 그리하여 현대의 가장 큰 질병은 한센병이나 암이 아니라, 스스로 사랑받지 못한다고 느낄 때의 소외감이고 외로움이라고 주장했다.

그녀에게 중요한 것은 행동이었다. 그리고 실천이었다. 사람들이 테레사 수녀에게 가난하고 병든 자들을 위해 어떤 도움을 주면 좋겠는가 하고 질문했을 때 그녀는 대답했다.

성스러움은 집에서부터 시작됩니다. 먼저 가족 중에서 누군가를 도와줄 수 있는 일이 있나 찾아보세요. 그다음은 옆집에 사는 사람, 다시 그다음은 근처에 사는 가난한 사람들을 찾아보세요.

성스러움이란 대단한 것이 아니며, 가까운 곳에서 아주 작은 일부터 실천하면 된다는 답이었다. 사랑과 봉사, 베풂과 나눔. 그녀는 평생 그것을 실천하는 삶을 살았다. 그러니까 바로 거룩하고 고결하고 성스러운 삶을 말이다.

자신을 일컬어 "하느님이 사용하는 연필"이라 했던 테레사 수녀. 그녀는 자신이 행하는 모든 것이 결국은 그리스도의 뜻이라고 믿었다. "사랑을 받는 것보다 사랑을 주어라. 주는 것이 곧 받는 것이다" 같은 말을 남기고 실제로 사랑을 받기보다 주는 일에 자신의 일생을 바쳤다.

이것이 바로 테레사 효과일까. 그녀에 대한 글을 쓰면서 나 또한 마음 한구석이 따뜻해지고 밝아지는 것을 느낀다. ●

마더 테레사

수녀 · 사회운동가 ● 오늘날 마케도니아공화국의 수도인 스코페의 알바니아인 가정에서 태어났다. 1928년 18세 때 아일랜드의 로레토 수녀원에 들어간 뒤, 평생 가족을 만나지 않았다. ● 19세 되던 1929년 인도 다질링에 견습수녀로 간 이후, 1950년 하느님의 뜻에 따라 인도를 삶의 근거지로 삼겠다고 결심하고 인도인으로 귀화했다. 그러고는 인도 콜카타에서 사랑의 선교회를 설립하였다. 이후 45년간 빈민과 병자, 고아, 그리고 죽어가는 이들을 위해 헌신하였다. ● 1979년 노벨평화상을 수상하였고 1980년 인도의 가장 높은 시민 훈장인 바라트 라트나Bharat Ratna를 수여받았다. 사랑의 선교회는 한센병과 결핵, 에이즈 환자를 위한 요양원과 거처, 무료 급식소, 상담소, 고아원, 학교 등으로 확장해나가고 있다. ● 테레사 수녀는 신의 뜻을 따라 산 '성녀'이지만, 한편으로는 끊임없이 신의 존재에 대해 회의가 들었다고 고백, 그것을 이겨내기 위해 평생 분투하는 삶을 살아간 '인간'이었다.

『마더 데레사 자서전』, 호세 루이스 곤살레스 발라도 엮음, 송병선 옮김, 민음인, 2010
『우리의 어머니, 마더 데레사』, 레오 마스부르크 지음, 김태희 옮김, 민음인, 2010

아름다운 나타샤는 가난한 그를 잊지 못하고

김영한

서울 성북동 한적한 주택가 한가운데 자리한 아름다운 사찰 길상사. 내가 그곳을 처음 찾은 것은 4, 5년쯤 전의 일이다. 절에 얽힌 애달픈 사연도 사연이지만 경관이 수려하고 단아하기가 예상을 뛰어넘는 정도인지라 나는 내내 감탄하며 사방을 둘러보았다. 그러다가 경내 한쪽 공덕비 앞에 20대로 보이는 남녀가 서 있는 것을 발견했다. 괜한 호기심이 발동하여 그들에게 다가갔다.

아니나 다를까. 청년은 시를 읊고 있었고 처녀는 시를 듣고 있었다.

가난한 내가

아름다운 나타샤를 사랑해서

오늘밤은 푹푹 눈이 나린다

그것은 우리나라 시인들이 널리 애송하는 시로 늘 첫손에 꼽히는 작품, 백석의 「나와 나타샤와 흰 당나귀」였다. 내가 너를 사랑하기 때문에 오늘밤 눈이 내린다는 그 논리적으로 말이 안 되는 문장으로 시작하는 시. 그럼에도 읽다 보면 왠지 마음이 애틋해지면서 정말 누군가가 누군가를 사랑한다는 이유만으로 눈이 내릴 수도 있지 않을까 믿고 싶게 만드는 시. 게다가 백석이 그 시를 쓸 때 나타샤의 실제 모델을 염두에 두고 쓴 것이 아닐까 상상할라치면 그 정체 모를 애틋함이 곱절로 커지는, 바로 그 시를 연인 사이로 보이는 두 남녀가 읽거니 듣거니 하고 있었던 것이다. 다름 아닌 나타샤의 공덕비 앞에서 말이다.

나타샤. 누구나 예상할 수 있듯 시 속의 그녀는 시인의 연인이었다. 백석은 1938년 그 시를 자신의 연인에게 바쳤다. 진향眞香, 자야子夜, 길상화吉祥花 등 여러 이름으로 불렸던 여인 김영한. 그녀가 바로 위의 시 「나와 나타샤와 흰 당나귀」 속의 나타샤이다. 사실 백석은 그녀뿐 아니라 문예지 『삼천리』의 여기자에게도 같은 시를 준 것으로 알려져 있고, 항간에는 나타샤의 실제 주인공이 그가 짝사랑했던 통영 처녀라는 주장도 있다. 진실이야 그 누가 알랴. 다만 사실을 말하자면 이 시가 쓰였을 무렵 백석과 동거하고 있던 여인은 김영한이었다.

김영한은 1916년 서울 관철동의 양반 가문에서 태어났다. 그러나 집안이 파산한 후 나이 만 열여섯에 조선 권번에 들어가 기생이 되어야 했다. 그녀는 명창 하규일 문하에서 궁중아악과 가무를 배우고 '진향'이라는 기명妓名을 받았다. 진향은 춤과 노래에만 재주가 빼어난 것이 아니었다. 기생 신분으로 『삼천리』에 수필을 발표할 정도로 문학적 재능도 뛰어났다. 1935년 조선어학회의 회원이자 독립운동가였던 신윤국이 그녀의 영민함과 글재주를 귀히 여겨 그녀가 일본에 유학을 가도록 도왔을 정도였다. 그러나 김영한은 일본에서 학업에 정진하던 중 신윤국이 일제의 탄압으로 함흥의 형무소에 수감되었다는 소식을 접했다. 그녀는 곧바로 귀국하여 스승에게 달려갔지만 면회조차 허락되지 않았다.

하여 김영한은 함흥 권번으로 들어가 다시 기생이 되었다. 기생으로 이름을 떨치면 법조계 인사들과 가까워질 수 있을 것이고 그들의 도움으로 함흥 형무소에 있는 스승을 구할 수 있으리라 믿었던 것이다. 결과적으로 스승은 구하지 못했으나 그녀는 백석과 운명적인 만남을 갖게 되었다.

김영한이 '김자야'라는 이름으로 1995년에 출간한 회고록『내 사랑 백석』에 따르면 두 사람은 1936년 함흥의 요릿집에서 처음 만났다. 함흥 영생고보의 영어교사로 재직 중이던 백석은 마침 그곳에서 열린 동료 교사들과의 회식 자리에 참석해 있었다. 두 사람은 만나자마자 서로 첫눈에 반했다. 백석은 그녀의 손을 잡고 말했다.

"오늘부터 당신은 나의 영원한 마누라야. 죽기 전엔 우리 사이에 이별은 없어요."

그 한마디에 김영한은 까닭 모를 슬픔을 느꼈다. 그것이 사랑의 시작이었다. 백석은 퇴근하면 으레 그녀의 하숙집에서 밤을 보냈다. 실질적인 동거를 시작한 것이다. 이때 그는 그녀에게 '자야'라는 호를 지어주었는데, 오랑캐를 무찌르러 간 낭군을 기다리는 여인 사야의 애절한 마음을 노래한 이백의 시 「자야오가」子夜吳歌에서 따온 것이다. 이는 1988년 문예지 『창작과비평』 봄호에 발표한 회고록 「백석, 내 가슴속에 지워지지 않는 이름」에 나와 있다.

나는 그날 이후로 백석의 '자야'가 되었고 이 호는 아마 지금도 세상에서 우리 둘만이 알고 있는 이름일 것이다. (…) 나의 이 깊은 외로움도 그때 백석이 이 '자야'란 호를 나에게 붙여주었을 때부터 이미 결정되고 마련된 운명이었던 것일까. 아니면 그는 아직도 그의 원정이 끝나지 않아서 돌아오지 못하고 있는 것일까.

김영한과 백석은 3년 남짓 동거하며 부부처럼 살았다.

이 시기에 백석은 「나와 나타샤와 흰 당나귀」를 비롯하여 사랑을 주제로 한 아름다운 서정시를 여러 편 썼다. 그러나 그들의 사랑은 인텔리전트 아들이 한낱 기생과 동거하는 것을 못마땅하게 여긴 백석 부모의 반대에 부딪혔다. 1939년 1월에 백석은 부모의 강요로 원치 않는 결혼을 하게 되었다. 그러나 신부를 내버려두고 김영한에게 도망쳐 오기를 세 차례, 마침내 그는 김영한에게 만주로 도피할 것을 제안했다. 하지만 그녀는 자신이 사랑하는 남자의 미래를 망치고 있다는 죄책감 때문에 이를 거절했다. 결국 1939년 10월에 백석은 뒷날을 기약하며 혼자 만주로 떠났다. 그도 김영한도 짐작하지 못했으나 이후 해방이 되고 남북 간에 삼팔선이 생기면서 두 사람은 서로 영영 만나지 못하게 되었다.

서울에서 김영한은 성북동에 고급 요정인 대원각을 차렸다. 서울의 3대 요정 중 하나로 꼽힐 만큼 큰 인기를 누렸던 대원각 덕분에 엄청난 부를 쌓았다. 하지만 그녀는 백석을 잊지 못해 노상 줄담배를 피웠다. 매년 7월 1일 그의 생일에는 물 한 모금도 마시지 않았다.

　그렇게 백석을 못 잊어하며 나이 일흔을 넘긴 어느 날, 평소 불교에 관심이 많았던 김영한은 우연히 법정스님의 책 『무소유』를 접하게 되었다. 그리고 깨달은 바가 있어 시가 천억 원에 달하던 대원각을 스님이 거하고 있던 송광사에 조건 없이 시주하기로 마음먹었다. 대원각 부지에 절을 세우고 싶다는 것이 그녀의 바람이었다. 그 제안을 받아들이지 않는 법정스님과 끈질기게 실랑이한 끝에 결국 그녀가 자신의 뜻을 이룬 것은 스님에게 처음 시주의 뜻을 밝힌 지 꼭 10년 만이었다.

　　저기 보이는 저 팔각정은 여인들이 옷을 갈아입는 곳이었습니다. 저의 소원은 저곳에서 맑고 장엄한 범종 소리가 울려 퍼지는 것입니다.

　길상사가 창건되던 날 그녀는 그곳에 모인 수많은 사람들 앞에서 말했다. 그리고 법정스님으로부터 염주 한 개와

서울 성북동의 길상사

'길상화'라는 법명을 받았다. 서울 최고의 호화롭고 퇴폐적인 요정이 경건하고 신성한 사찰로 탈바꿈하던, 밤과 낮이 교차하고 속과 성이 몸을 바꾸던, 그것은 한 편의 시처럼 그 자체로 완결되는 아주 특별한 순간이었다.

길상사 창건 관련 기사를 쓰기 위해 김영한을 찾아온 기자가 물었다고 한다.

"천억 원이나 되는 거금을 선뜻 기부한 것이 아깝지 않으세요?"

"천억 돈이 그 사람의 시 한 줄만도 못해요."

그때 이미 폐암으로 투병 중이던 김영한은 망설이지 않고 대답했다. 백석의 시를 읽는 것이야말로 생의 가장 큰 기쁨이었다고. 백석을 기리기 위해 2억 원을 투자하여 백석문학상을 제정하고 나아가 가난한 고교생들을 위한 장학금제도도 마련해두었던 그녀였다. 그러니 20대 초반에 백석을 처음 만나 80대 중반 세상을 떠나기까지 60평생을 오로지 그만을 사랑하고 그리워했던 것이다.

사랑했기 때문에 존재했던 여인, 자야 김영한. 천억 돈이 백석의 시 한 줄만도 못하다지만 어쩌면 그의 시도 김영한의 한결같은 사랑에는 못 미치지 않을까. 그러니 그녀는 이미 나타샤로서의 자격이 충분하다 못해 넘치지 않을까. 실제 나타샤가 누구인지에 대한 세간의 의견이 아무리 분분하다 해도 말이다.

문득 몇 해 전 길상사 그녀의 공덕비 앞에서 백석의 시를 읊던 두 남녀의 초상이 떠오른다. 세상의 숱한 가난한 내가 숱한 아름다운 나타샤를 사랑해서 눈이 푹푹 쏟아질 것 같은 겨울날, 뜬금없이 그들 남녀의 안부가 궁금해진다. ●

김영한

기녀 · 작가 ● 서울에서 태어나, 몰락한 집안을 위해 열여섯
살에 스스로 한성 기생이 되었다. ● 1936년 조선어학회
회원이었던 해관 신윤국 선생의 도움으로 도쿄에 유학 갔다가
일제의 탄압으로 투옥된 해관 선생을 면회하기 위해 귀국했다.
그때 시인 백석과 만나 사랑에 빠지게 되었다. 이후 만남과
이별을 거듭하다가 1939년 백석이 만주로 떠나면서 영영
이별했다. ● 서울 성북동에서 요정 대원각을 운영해온 김영한은
1995년 대원각을 법정스님에게 시주하였다. 이로써 그 자리에
길상사가 세워졌다. 또한 백석의 시적 업적과 문학정신을 기리기
위해 창작과비평사에 기금 2억 원을 기증, 백석문학상이
제정되었다. ● 1953년 중앙대학교 영어영문학과를 만학으로
졸업한 후 1990년 하규일 선생의 일대기를 담은 『선가 하규일 선생
약전』을 출간했고, 1995년에는 백석과의 추억을 담은 수필집
『내 사랑 백석』을 '김자야'라는 이름으로 펴냈다. 길상사가 문을
연 지 2년 만인 1999년, 84세를 일기로 별세했다.

『내 사랑 백석』, 김자야 지음, 문학동네, 1995

내가 사랑할 여자

내가 사랑한 여자   2012년 7월 20일 초판 1쇄 발행

지은이
공선옥 김미월

펴낸이	**펴낸곳**	**등록**
조성웅	도서출판 유유	제141-90-32459호(2010년 5월 18일)

주소
경기도 파주시 문발동 560 숲속길마을
동문굿모닝힐 302동 102호 (우편번호 413-782)

전화	**팩스**	**홈페이지**	**전자우편**
070-8701-4800	0303-3444-4645	uupress.co.kr	uupress@gmail.com

편집	**디자인**	**제작**
모지은 조형희	이기준	(주)재원프린팅

© 공선옥 김미월 2012
ISBN 978-89-967766-2-8 03990

공선옥 산문집

내가
사랑한
여자

유유

머리말

이 글은 지금으로부터 약 4, 5년 전에 쓴 것이다. 이른
바 '촛불시위'가 한창일 때 주로 썼다. 나는 여자인고로,
그리고 이성애자인고로 여자보다 남자를 더 좋아한다. 지
금도 예쁜 여자배우를 보면 질투가 나고 멋있는 남자배우
한테로 눈이 자동으로 돌아가는 사람이다. 그런 나에게
'내가 사랑한 여자'라는 제목의 글 청탁이 왔을 때, 나는
솔직히 눈앞이 캄캄했다. 내가 도대체 여자를 사랑해본 적
이 있었을까. 그러고 나서 곰곰이 생각해봤다. 그리하여

여기 '내가 사랑한 여자'에 나오는 여자들이 떠올랐던 것이다.

물론 나는 여기 이 글에 나오는 여자들만 사랑한 게 아니다. 나는 우선 내 어머니를 사랑했고, 내 언니 내 여동생을 사랑했고, 내 딸들을 사랑했다. 그러나 그것은 본능이 섞인 것이라, 의식적으로 사랑한 여자들 명단에 포함시킬 수는 없었다. 그렇다면 여기 이 글에 나오는 여자들은 모두 내가 '의식적으로만' 사랑한 여자들일까. 말을 달리해보자면, 여기 이 글에 나오는 여자들로 인해 내 '의식'이 좀 더 초롱초롱해지는 경험을 했던 것만은 사실인 것 같다. 학교 다닐 때 내 사랑하는 여자친구들에게, 사회에서 만난 선후배 여성들에게 이 여자들을 소개하며, 이 여자들을 이야기하며 함께 눈을 빛내고 싶었던 것 같다. 그러니, 여기 내가 소개한 여자들은 말하자면, 내가 사랑하는 당신들과 함께 그 행적을, 그 정신을, 함께 알아봤으면, 함께 이야기 해봤으면 싶은 여자들인 것이다.

그렇게 여자인 내가 여자들을 말하고 나서 드는 생각은, 결국 사람인 내가 사람들 이야기를 하고 있었구나, 하는 것이다. 내가 '사랑한 여자'들이란 단지 성별이 여성일 뿐 그 누구보다 '아름다운 영혼을 가진 사람'들이었던 것이다. 그러니 내가 내 사랑하는 사람들과 이야기하고픈 것은 여자들의 이야기가 아니라, 사람들의 이야기인 것이다.

2012년 7월
광주 무등산 밑에서
공선옥

〔 차례 〕

'최후의 식민지'가 기록한 간절한 목소리

강경애

일전에 경상도 청도 출신의 후배 여성작가를 만난 일이 있다. 지금은 작가이자 대학교수인 그녀는 초등학교를 아홉 살에 입학하였다 한다. 이유는, 애 볼 사람이 없어서. 사실, 나 어렸을 때만 해도(시골에서만 그랬는지는 몰라도) 초등학교를 아홉 살은 예사고 열 살에 입학하는 아이들도 있었는데, 그렇게 늦게 입학하는 건 모두 여자아이들이었다. 이유는 나의 후배작가와 똑같다. 일 나간 엄마 대신에 애 봐야 하기 때문에. 일명 '애보개'다. 반대로 동생

들은 웬만큼 크면 취학통지서도 나오기 전에 언니나 누나를 따라 덩달아 학생이 되어버렸다. 우리 때도 그랬는데 그 이전, 또 그 이전에는 어땠을까.

문단에서는 1990년대에, 그 이전 시대에 비해 여성작가들이 '대거' 나왔다고들 했다. 누구는 출물을 했다고도 했다. 그래서들, 여성작가들이 설친다고 표현하는 사람도 있었다. 그러면 똑같은 형태의 물음을 되돌려 물어봐도 되는가? 1990년대 이전에는 남성작가들이 설쳤나? 세상 사람 절반이 남성이면 절반이 여성일 터인데도 세상의 모든 분야를 남성이 주도해왔고 주도하고 있고 심지어는 주도해가야 한다고 믿는 사람들도 있다.

후배작가는 자신이 살길은 공부밖에 없다고 생각하고 죽기 살기로 공부에 매달렸다고 했다. 무기는 공부뿐이었다고. 후배작가에게서 저 식민지시대에 한 불우했던, 그러나 빛나는 한 '선배'작가의 초상을 발견하기란 그리 어렵지 않다.

이름은 강경애. 자신이 살길은 문학뿐임을 일찌감치 자

각했던, 그러나 그 자각을 안심하고 밀고나가도 좋을 여건을 마련해줄 수 없는 환경에 내던져졌던 식민지시대의 한 가난한 소녀.

배움의 길이 차단된 곳에서 '다양하게 열려 있는' 인생의 기회를 잡기란 쉽지 않다. 이 땅 여성의 역사란 바로 그런 것이다. 소수의 운 좋은 경우를 제외하고는 거개가 배움의 길을 투쟁으로 얻어내느냐, 주어진 길에 순응하느냐, 두 갈래의 선택뿐이었다고 해도 과언이 아니다. 그리하여 '다양한 인생길'을 살펴볼 기회조차도 차단된 여성들이 선택하는 행로란, 그 여성의 자질과 그 여성 속에 잠재된 능력과는 상관없는 길이 되기가 십상인 것이다. 시골 길에서 우연히 만난 할머니하고 대화를 나누다 보면 평범한 할머닌데도 언뜻언뜻 보이는 비범함에 탄복할 때가 있는데, 그럴 때마다 떠오르는 말이 있다. '배우기만 했으면 한가락 하고도 남음이 있다'는 말. 이 얼마나 아까운 인생, 아까운 자원(?)의 낭비란 말인가. 이 땅에는 여성으

로 태어났다는 이유만으로 배움의 길에서 차단되고 그 품성과는 상관없이 원래 있던 비범한 자질의 싹마저도 짓밟힌 채 인고의 세월을 보내야만 했던 여성사가 있다. 그 한편에서는 오직 이 땅에 남성으로 태어났다는 이유만으로 저절로 '히스토리'를 쓸 수 있는 기회가 열리던 '스토리'가 있었던 것이다.

이것이 어찌 여성, 남성의 스토리에서뿐이겠는가. 그것은 사실 모든 약자와 강자의 이야기일 수도 있다. 역사에 있어서도 일종의 양극화가 벌어질 수밖에 없는 구조가 엄연히 존재하는 것이다.

내게 어쩌다 강연 요청이 들어오는 때, 나는 되도록 어린아이들, 특히 열악한 환경에 처해 있는 아이들한테라면 두말 않고 간다. 그리고 말한다. 나중에 작가가 나온다면 (사실 작가란 돈도 권력도 없는 사람이지만) 바로 너희들 중에서 나와야 한다고. 너희들 중에서 작가가 나와야 너희들 이야기가 기록될 수 있다고. 그렇지 않으면 아무도 너희들 이야기를 정직하게, 그리고 올바르게 기록해줄 사람

이 없다고.

내가 그런 이야기를 하는 이유는 강경애 때문이다. 강경애, 그녀가 내게 그런 말을 하도록 했고, 그런 말을 해야 한다는 자각을 불러일으켰다.

강경애는 1906년에 황해도 송화에서 태어나 어린 시절을 황해도 장연에서 보냈다. 부모는 가난한 소작농이었다. 출생에서부터 강경애는 그 시대의 작가들 중 지금까지 기억되는 다른 '여성'작가들과 조금 다른 셈이다. 일례로, 강경애보다 10여 년 전 시대의 작가들인 나혜석, 김일엽, 김명순 등이 오히려 경제적인 면에서는 강경애보다 혜택받은 사람들이었다. 버지니아 울프라는 서양 선진국의 여성작가가 여성이 작가로 살아갈 수 있는 최소한의 조건이 "돈과 자기만의 방"이라고 갈파한 적이 있긴 하지만 이 땅 가난한 집 출생의 여자아이에게 그것은 꿈도 꿀 수 없는 머나먼 남의 나라 얘기. 강경애가 네 살 나던 해에 아버지는 죽고 어머니는 먹고살기 위해 개가를 한다. '먹고살기

위해' 살아가야 하는 사람의 삶에서 '꿈을 이루기 위해' 살아가기란 돈과 자기만의 방처럼 그저 아득한 이야기일 뿐. 더구나 그곳은 제국의 식민지였다. 식민지 백성, 식민지 백성 중에서도 가난한 사람, 그 가난한 사람 중에서도 여성. 참으로 중첩된 식민지, 혹은 최후의 식민지라 아니할 수 없다. 말하자면 강경애야말로 '최후의 식민지'로 태어난 셈이다.

그러나, 가장 밑바닥 후미진 곳에 사는 조개 속에 진주가 숨겨져 있는 법이다. 지금 세상에야 그렇다는 사실을 종종 잊거나 아니면 부정하는 세태로까지 되고 말았지만, 나는 믿고 싶다. 검은색이 사실은 가장 밝은 색이듯이, 그리고 검은색 속에야말로 세상의 모든 색이 다 들어 있듯이, 그러나 우리가 다만 검은색으로 보고 있을 따름이듯이, 바로 그 진실을 잊어먹고 있는 영혼들을 구원하는 것은 바로 그 어둠이라는 것을. 빛은 늘 어둠에서 오게 마련, 강경애가 지닌 '최후의 식민지'로서의 조건이야말로 '식민지를 비춰주는 빛'이 되는 최적의 조건이지 않았을까.

강경애라는 작가가 없었다면 내가 감히 어디 가서 '작가가 나온다면 바로 너희들처럼 가난하고 너희들처럼 학원도 못 가고 너희들처럼 돈도 없는 아이들 중에서 나와야 한다'는 말을 할 수가 있었을까.

강경애는 '작가'로 살 적에도 결코 '작가의 외모'로 살아간 적이 없다. 그런 강경애의 모습을 작가 안수길은 이렇게 적고 있다. "수수한 품이 여느 부인네들과 다를 것이 없어 물동이를 이고 우물에서 물을 길어 살림을 하는 등 유명한 작가라고 이웃에서 모르고 있을"정도라고.

간도 용정동흥중학교 교사인 남편 장하일과 살던 집은 해란강이 바로 지척이었다. 강경애는 그 해란강으로 물을 길러 다니고 양잿물에 손끝이 빨개지도록 빨래를 하러 다녔다. 그러면서 쓴 작품이 바로 『인간문제』다. 그 시대 간도란 따로 언급하지 않아도 특별한 땅이었다. 간도에서 산다는 것은 단순히 국외에서 산다는 뜻이 아니라, 독립운동의 기지에서 산다는 의미였고, 식민지 자본주의화 과정에서 빚에 몰려 먹고살 길을 찾아갔다가 또다시 청나라 지주

의 소작인이 되는 설움의 땅에서 산다는 뜻이었다. 그런 곳에서 사는 작가 강경애에게 '사교'와 '정치'가 횡행하는, 이른바 '문단주의'가 판치는 서울 중앙문단 사람들의 행태란 충분히 비판받아 마땅한 것이었는지도 모른다.

강경애는 39세를 일기로 요절했다. 늘 건강이 좋지 않았다고 한다. 평양숭의여학교를 다닐 적에는 당대의 인텔리 양주동과의 연애사건으로 후견자였던 형부에게 린치를 당해 중이염을 앓기도 했다고 한다. 가난과 질병 그리고 서울이 아닌 간도에서 '양잿물에 손끝이 빨개지도록 빨래하는' 생활로 특징지어지는 작가 강경애는 독특한 작품세계를 이룩한 보기 드문 여성작가였으나, 살아생전 저널리즘으로부터 주목받지 못했고 작품집 한 권도 못 가진 채 병고에 시달리다 쓸쓸하게 세상을 떠나고 말았다.

식민지시대 강경애라는 '선배 여성작가'가 없었다면 지금 이 시대 후배 여성작가인 나는 참으로 많이 쓸쓸했을 것 같다. 그런데, 내가 빛나게 여기는 그 작가는 정작 그

'최후의 식민지'가 기록한 간절한 목소리 ─────

토록이나 불우하게 살다가 그토록이나 쓸쓸하게 죽음을 맞았다.

학자 이상경은 작가 강경애를 이렇게 평가하고 있다.

강경애는 드물게 하층여성의 목소리를 공식기록으로 끌어올린 식민지시대 하층여성의 대변자였다. 그뿐만 아니라, 첨예한 충돌의 현장인 항일 무장투쟁에 참가한 사람들의 면모를 목격하고 그들의 고통과 정당성을 기록으로 증언하고 그것을 일제의 직접 지배를 받는 식민지 조선에 전할 수 있었던 작가로 '시대정신의 최대치'를 구현했다.

강경애는 근대 여성문학의 큰 별일뿐더러, 작가로서 살아가는 내 마음속 가장 깊은 곳에서 꺼지지 않는 등불 같은 존재임에 틀림없다. 살아생전 작가의 '불우한 삶'이 후배작가에게는 빛이 되고 있다니……. ●

강경애

姜敬愛, 1906~1944

소설가 ● 황해도 송화에서 가난한 농민의 딸로 태어났다.
열 살에 보통학교에 들어가 신식교육을 받기 시작, 이후
평양숭의여학교와 서울동덕여학교에서 수학했다. ● 1931년
『조선일보』에 「파금」을, 같은 해에 잡지 『혜성』에 장편소설
『어머니와 딸』을 발표하면서 문단에 나왔고, 1932년 간도로
이주한 뒤 단편소설 「부자」, 「채전」, 「소금」 등을 발표하였다.
또 자전소설 「원고료 이백 원」을 비롯하여 「해고」, 「지하촌」,
「어둠」 등 사회의식을 강조한 작품을 발표하였다. ● 1934년
동아일보에 장편 『인간문제』를 연재했다. 이 작품은 인간으로서
기본 생존권조차 보장받지 못한 채 식민지 조선의 노동자들이
겪어야 했던 비참한 현실을 예리하게 파헤쳐 한국 근대소설사에서
빼놓을 수 없는 작품으로 평가받는다. ● 간도에서 귀국한 후
1년 만에 병으로 사망하였다.

『강경애 전집』, 강경애 지음, 이상경 엮음, 소명출판, 2002

'최후의 식민지'가 기록한 간절한 목소리 ───

역사를 드로잉한 독일의 양심

케 테 콜 비 츠

아침 신문을 보니, 2005년에서 2006년 1년 사이 우리나라 사람들의 문화향수실태조사 결과, 1회 이상 예술 행사를 즐긴 사람은 65.8%라고 한다. 그런데, 그 대부분이 영화 관람객이다. 그 65.8% 중에서 미술관 관람객은 6.8%, 클래식음악회 참석자 3.6%, 연극과 뮤지컬 관람객은 8.1%를 차지한단다.

예나 지금이나 사람들의 관심사는 언제나 돈벌이가 최우선일 것이다. 예술이고 뭐고 우선 밥을 먹어야 하기 때

문이다. 그리하여 먹고사는 문제에 치인, 돈 없는 가난한 사람들에게 예술은 아예 먼 나라 얘기다. 그러한데, 이제 어느 정도 먹고살 만해졌다 해도 사실은 예술이 남의 나라 얘기에 해당되는 사람들이 의외로 많은 것 같다. 그렇지 않고서야 문화예술 생산자들이 신문에 나온 대로 '생계가 아니라 생존'을 걱정하는 지경에까지 이르겠는가. 그런데 또 어찌하든 간에, 문화예술이란 정말로 꼭 먹고살 만한 사람들이나 향유할 수 있는 '물건'이란 말인가.

1980년대가 떠오른다. 나는 80년대 초반 어느 한때 '광주고속'이라는 버스의 안내양을 한 적이 있다. 어느 날, 안경 쓰고 선하게 생긴 어느 승객이 내게 '오월 판화달력'이라는 달력을 주고 내리는 것이었다. 달력에는 내게도 낯설지 않은 '오월 광주'의 장면장면들을 판화로 새긴 그림들이 찍혀 있었다. 나는 달력을 한 장 한 장 넘겨보면서 신선한 충격을 받았다. 아, 그림이란 게 이런 것도 있구나. 그때까지 나는 사실 판화그림이란 초등학교 다닐 때 잠깐 하

다 마는 것으로만 여겼다. 나중에야 알았지만 내게 달력을
주고 간 사람은 오월 광주 판화그림으로 유명한 홍성담 화
백이었다. 광주 시내를 지나다가 그가 '시민을 위한 판화교
실'을 연다는 사실도 알았다. 그리고 그의 판화그림은 80
년대 내내 최루탄과 화염병 연기 자욱한 거리 곳곳에서 볼
수 있었다. 나는 그렇게 판화를 개인적으로, 그리고 시대적
으로 만나게 되었다. 친구들의 자취방 벽에서, 기금모금을
위해 판매하는 티셔츠에서도 나는 판화그림을 만났다. 판
화는 그렇게 80년대 내내 바로 내 곁에, 우리 곁에 있었다.
우리, 가난하고 서러운 백성 곁에.

　『아큐정전』의 작가 루쉰은 중국 신흥 목판화운동을 전
개한 문예운동가이기도 하다. 판화가 가진 순발력과 대중
적 호소력은 대단한 것이었다. 루쉰의 판화운동은 중국미
술사에 있어서도 획기적이었지만 중국 혁명문예사의 핵심
이기도 하다. 판화는 항일미술로서 혹은 혁명미술로서의
역할을 혁혁하게 담보해냈던 것이다. 그러면 루쉰이 중국
에서 목판화운동을 전개했던 동기는 무엇이었을까.

1980년대 한국에서의 판화운동은 독재체제에 항거하는 미술운동이었다. 1930년대 중국에서의 그것은 항일운동으로서의 한 축을 담당했다. 그리고 거기에서 조금만 더 거슬러 올라가면 바로 케테 콜비츠가 있다. 중국의 양심 루쉰이 독일의 양심 케테 콜비츠를 발견한 것이다.

나는 소설을 쓰면서도 늘 스스로에게 묻는다. 내 소설을 누가 사서 읽을 것인가. 내 친인척 중에는 대학을 나온 사람도 거의 없고 종합부동산세를 물고 살아야 할 만한 재산을 가진 사람도 전무하다. 하다못해 공무원 하나도 없다. 가끔 본의 아니게 내가 경험한 이야기를 쓰다 보면 친인척을 포함한 내 주변 사람들 이야기가 소설에 스며들 때가 있다. 나는 나름대로 걱정을 많이 한다. 만약에 소설에 스며들어 있는 '자신'을 발견한 누군가가 내 소설을 읽고 나한테 좋은 말이든 나쁜 말이든 따지고 든다면 어떡하나. 그러나 나는 아직 한 번도 그런 예를 겪지 않았다. 그 대신, 이런 말은 들었다. 네가 글을 쓰니까 우리같이 힘들게

사는 사람들 얘기를 우리 대신 네가 해야 한다는 말.

나는 지금 콜비츠의 〈직조공 봉기〉 연작을 들여다보고 있는 중이다. 그리고 〈부모들〉, 〈마리아와 엘리자베스〉, 〈짓밟힌 사람들〉과 〈농민전쟁〉 연작 중 〈잡힌 사람들〉은 내가 경험하고 목격했던 시대의 고난받는 사람들의 모습을 그대로 새겨놓은 것 같다.

콜비츠는 자신들의 힘으로는 자신들을 어떻게 표현해 낼 수가 없는 사람들, 그 사람들의 현실을 판화에 담아내었다. 케테 콜비츠의 그림을 보고 많은 노동자, 농민은 자신들이 딛고 서 있는 위치가 어디쯤인지, 자신들의 처지가 어떠한지, 그래서 자신들이 어떻게 해야 하는지를 자각할 수 있었다. 콜비츠의 그림은 빈곤과 병마와 죽음이 결코 개인적인 문제가 아니라 사회적인 문제임을 자각하게 했고, 그리하여 직조공들로 하여금 행진하게 하고 봉기하게 하고 농민들로 하여금 분노하게 하고 고난받는 사람들이 연대하게 했다. 콜비츠는 자신이 혁명론자가 아니라 발전론자라면서 부끄럽다고 고백했지만 '모든 것을 감각하

고 감동을 느끼고 밖으로 표출할 권리를 가진' 예술가로서 당당하게 자신의 주변에 사는 가난한 사람들을, 고난받는 사람들의 삶을 판화로 그리고 조각으로 '발언'했다. 콜비츠의 작품에 개별적 혹은 집단적으로 드러난 사람들 또한 내 주변 사람들처럼, 자신들의 삶을 작품으로 드러내는 콜비츠에게 무한한 애정을 보냈던 것이다.

판화는 결코 귀족적인 그림이 될 수 없다. 판화는 무한정 복제해낼 수 있다. 세상에 오직 하나뿐일 수가 애초에 없다. 특정인에 의한 독점이 불가능한 판화는 그런 점에서 또 애초에 민중성을 띨 수밖에 없다. 그러므로 애초에 민중적일 수밖에 없는 판화라는 형식이야말로 그 내용 또한 민중적일 수밖에 없는지도 모른다. 80년대 홍성담의 판화운동은 공간과 시간을 넘어 케테 콜비츠에게까지 닿아 있는 것이다.

케테 콜비츠는 두 아들을 둔 어머니였다. 1914년 둘째아들 페터가 열여덟의 나이로 전쟁터에서 죽었다. 자식을 잃

역사를 드로잉한 독일의 양심 ────

은 어머니의 심정을 그 어머니가 아니고서는 누가 알 것인가. 다만 짐작만 할 뿐이다. 아들을 잃은 어머니의 자화상을 들여다보고 있노라면 눈물이 나기 이전에 그저 막막할 따름이다. 케테 콜비츠는 여성으로서 전쟁을 겪었고 어머니의 본능으로 반전예술에 임했다. 삶과 예술이 따로 갈 수가 없는 삶을 살았던 것이다. 그리하여 숙명적으로 리얼리즘 작가일 수밖에 없었다. 아들을 잃은 비통은 전쟁을 반대하는 작품을 생산할 수밖에 없게 했고, 자식을 잃은 어머니로서의 고통은 또한 수많은 '비탄의 모성'을 형상화하게 했던 것이다.

케테 콜비츠는 말하고 있다. 이 지구상에서 벌어지고 있는 살인, 거짓말, 부패, 왜곡 즉 모든 악마적인 것들에 질려버렸다고.

1차대전에서는 아들 페터를 잃고 2차대전에서는 손자 페터를 잃었다. 폭격으로 집도 모두 타버렸다. 나치 정권의 살인, 거짓말, 왜곡, 전쟁……. 그러나 예술가로서, 어머니로서 케테 콜비츠는 '무섭도록 성실하게' 자신의 시대

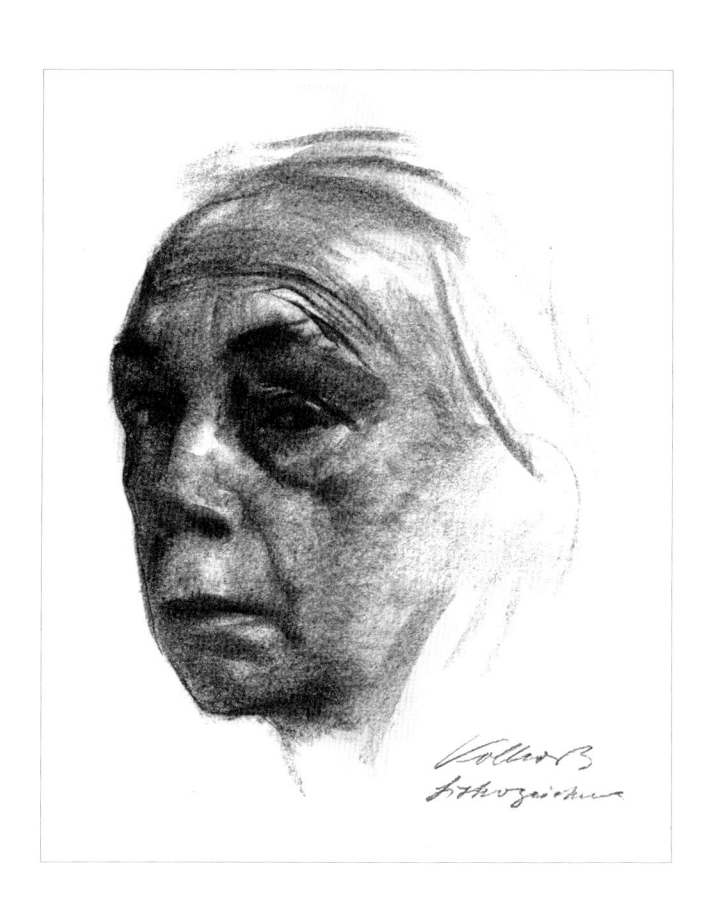

〈자화상〉, 1924년, 석판화, 36.8×29.2cm, 워싱턴국립미술관

를 증언하고 발언했다. 그 성실함에서 나오는 위엄. 그것
이 바로 케테 콜비츠의 작품에 일관되게 흐르는 기운이다.
현실이 아무리 사람을 질리게 하더라도 결코 '인간'을 포
기할 수 없다는 '모성' 가진 사람의 본능.

리얼리즘 정신이란, 어쩌면 모성본능의 한 축일지도 모
른다. 아무리 험한 세상이라도 아이를 낳고, 낳은 아이를
기를 쓰고 길러내고, 자신이 죽을 때까지 자식을 보호하려
는 저 무한대의 보호본능은 그리하여 〈씨앗들이 짓이겨져
서는 안 된다〉를 낳게 했는지도 모른다.

케테 콜비츠의 작품 전반에 흐르는 것은 결코 행복한 기
운이 아니다. 거의 모든 작품이 비탄, 암울, 절망, 근심으
로 일관되고 있다. 콜비츠 전기를 쓴 작가 카테리네 크라
머는 말했다. "빅토르 위고 혹은 에밀 졸라가 프랑스의 양
심이듯이 케테 콜비츠는 독일의 양심"이라고. 나는 이제
알겠다. 그녀가 왜 독일의 양심이 될 수밖에 없는지. 그것
은 콜비츠야말로 당대 독일의 고통을 가장 정직하게 대변
했기 때문일 것이다. 고통에 찬 '인간'을 결코 놓칠 수 없

는 모성. 성실하고 정직하지 않으면 단 한순간도 바로 설 수 없는 모성. 모성은 위대하다기보다 양심적이다.

케테 콜비츠의 자화상을 보다 나는 흠칫 놀랐다. 언젠가 어두컴컴한 부엌 부뚜막에 홀로 앉아 계시던 내 어머니의 모습이 거기 어른거렸기 때문이다. 죽은 자식, 가난한 자식, 지금 울고 있는 자식, 멀리 떠난 자식에 대한 걱정으로 가득 차서 홀로 수심에 젖어 있던 어머니.

자식들의 밝은 길 뒤에는 어머니의 그 깊이를 알 수 없는 어둠이 있다. 나는 가만히 불러본다. 어머니. 콜비츠. 양심인 어머니. 어느 한시도 죽음과 대면하지 않은 순간이 없는 삶을 살다 불타 없어진 집을 떠난 지 2년, 겨우 보금자리를 마련한 지 1년, 종전을 바로 코앞에 두고 '어머니 콜비츠'는 이 세상을 떠났다. ●

케테 콜비츠

화가 · 판화가 · 조각가　●　14세에 동판화를 배우기 시작했고
이후 베를린과 뮌헨에서 그림을 공부했다. 1891년 의사인
칼 콜비츠와 결혼한 뒤 베를린 북부의 빈민가에 무료진료소를
개설한 남편을 도와 의료봉사활동과 창작을 함께 해나갔다.
　●　1893년 2월에 초연된 게하르트 하웁트만의 연극 〈직조공〉을
관람한 뒤 그때 받은 영감으로 1895년부터 1898년에 걸쳐 〈직조공
봉기〉 연작을 완성했다. 이것을 시작으로, 가난한 노동자들의
비극적인 삶에 기초한 작품들을 내놓으며 20세기 독일을 대표하는
판화가가 되었다.　●　〈수천만 어린이에게 놀이터가 없다〉,
〈전쟁에 반대한다〉, 〈독일의 아이들이 굶어간다〉 등 판화로 제작한
포스터를 통해 당시 민중의 삶을 송두리째 뽑아버린 전쟁과
파시즘의 폐해, 썩고 병든 사회에서 어린이들이 받는 고통에 대해
호소했다. 콜비츠의 미술은 1980년대 한국의 민중미술에도
큰 영향을 미쳤다.　●　1943년, 50여 년 살아온 집이 폭격으로
무너지면서 판화와 작품 원본의 상당수가 사라지고 말았다.

『케테 콜비츠』, 카테리네 크라머 지음, 이순례 외 옮김, 실천문학사, 1991

우리는 왜 그때, 그녀를 사랑했을까

전혜린

이 책 제목이 '내가 사랑한 여자'다. '사랑한'은 일종의 과거형이 될 수도 있을 것이다. 그리고 지금 내가 쓰려고 하는 이 여자야말로 내가 한때 죽도록 사랑했지만, 지금은 그러지 않는 여자다. 아니, 뜨겁게 사랑했던 만큼 지금은 완연히 냉담한 것이 분명하다. 혹은 내가 더 이상 그녀를, 그녀로 대변되는 어떤 내 생의 모델을 필요로 하지 않은 때를 거치면서 자연스럽게 그녀를 잊었거나. 그래도, 내 생의 어린 어느 한때 불같이 사랑했던 것은 분명한 만큼,

나는 지금 그 여자를 사랑했노라고 고백하지 않을 수 없을 듯싶다. 그 고백이 좀 맥 빠지는 일이긴 하더라도, 맥 빠지는 거야 지금이지 그때는 아니었으므로. 사실 내가 그토록 짧은 동안 그토록 맹목적으로 누군가에게 빠져들었던 시기는 그 이전에도 그 이후에도 없었던 것은 분명하니까. 나는 그 여자를 그때 그 시절에 사랑했었다!

그 이름, 전혜린. 내가 그녀를 알게 된 것은 고등학교에 막 입학해서였다. 그런데, 정말 희한한 것은 내 주변 내 또래 사람들이 전혜린이라는 이름 석 자를 알게 된 때란 거의 대부분이 '고등학교 막 입학할 무렵'으로 일치한다. 나와 그녀들은 그러니까, 중학교 시절에도 전혜린을 알 법도 하고 알았을 수도 있는데 왜 하필 그때, 고등학교 막 입학할 무렵에 가서들 새삼스레 전혜린에게 순식간에 그리고 동시에 빠져들었던 것일까. 열여섯, 열일곱이라는 나이에 전혜린에게 특별히 공명하는 바가 있었던 것일까. 그런데 또 참 희한한 것은 열여섯, 열일곱 소녀들이 전혜

린에게 빠져들었던 것과 달리 남자아이들은 그러지 않은 것 같다는 것이다. 심지어 내가 아는 내 또래 남자들 중에는 마흔이 넘은 지금까지도 전혜린이라는 여자를 아예 모르는 사람도 있다. 그가 전혜린을 예전에도 몰랐고 지금도 모른다는 사실을 그러나, 나는 이해한다.

특정한 나이 때, 그 나이 때란 그러니까 성별 구분이 필요치 않은 시기를 막 벗어난 때를 이름한다. 그 나이 때가 되면 사람들은 이성에 눈을 뜨게도 된다고 말들을 한다. 하지만 사실 그 말은 얕은 정신을 가진, 혹은 정신세계를 돌아보지 않는 사람들 입에서 나온 소리인지도 모른다. 성별 분화가 급격하게 이루어지는 시기에 정말 화급하게 갈구하는 것은 이성이라기보다 동성이다. 동성 중에서도 정신적 사표師表가 될 만한 인물이다. 인간은 동물처럼 막 살지 않는다. 적어도 그가 사유할 능력이 있는 인간이라면. 돈이라든가 물질 같은 삶의 외형을 이루는 것에만 목표를 두고 산다면 그 삶이 사실 얼마나 하잘것없어질 것이냐. 인간 삶의 목표가 단지 그것뿐이라면 나는 당장에라

도 이 인간으로서의 삶 같은 거 개나 물어가라, 하고 싶을 것이다. 하여간 사표가 될 만한, 혹은 인생의 모델로 삼고 싶은 동성의 인물을 갈구하기 시작하는 첫 시기에, 이 땅의 여자아이들에게는 전혜린이 있었다. 정신적인 삶을 추구하고자 하는 욕구도 가지고 태어난 인간의 딸들이 이제 막 여성인 인간으로서의 자기정체성에 눈을 뜨기 시작하는 바로 그때.

지금도 그러는지는 모르겠지만, 예전 어느 한때는 분명히 이 땅에 사는 여고생들에게 거의 열병이라 이름할 만한 일종의 신드롬을 일으켰던 여자 전혜린. 그것은 가히 '전혜린병'이었다. 그 병을 진하게 앓고 나서 분명 독문과를 간 친구도 없지는 않았을 것이다. 나와 내 동무들은 그때, 전혜린이 전염시켜준 향수병을 앓고 있었다. 한번도 가보지 못한 곳, 독일에 대한 향수병. 가보지도 않았는데 언제나 꿈속에 나타나는 뮌헨, 슈바빙, 영국공원, 가스등, 안개. 지금 생각하면 참 기가 막힐 일이다.

나는 그때 독일로 간 우리나라 사람들, 간호사, 광부의 존재는 까맣게 잊고 있었다. 다만 나도 어서 커서 전혜린처럼 육체적 안락 같은 건 가볍게 경멸하고 극도의 정신적 고양만을 추구하며 사는 '독일 유학'을 꿈꾸었다. 결코 노동자로서가 아니라 유학생으로서 독일을 가고야 말겠다는, 독문학을 하든 안 하든 그것은 상관 없이 어쨌든 독일을, 그것도 뮌헨을, 그것도 슈바빙을 가고야 말겠다는 결심을 하고 또 했던 내 열일곱 살의 숱한 밤들이라니.

나도 전혜린처럼 살고 싶다는 열망이 커지면 커질수록 현재의 내 삶이, 내 삶의 주변이 싫고 마음에 들지 않고 답답하게 여겨졌다. 바람이 들어도 단단히 든 것이다. 그것이 바람이든 뭐든 소녀들에게 전혜린은 단순히 이성에 대한 호기심만이 충천하는 때라고만 여기는 '몰상식(?)'의 폐허에서 정신이 피워낼 수 있는 꽃이었다. 이 나이 때 우리 머릿속에 너희(이성)만 있는 게 아냐, 우리에겐 전혜린이 있어!

나중에 그 소녀들이 스무 살이 되었을 때 전혜린의 자리

는 또 다른 동성의 모델들이 속속 차지하게 되지만 말이다. 누군가는 로자 룩셈부르크를, 누군가는 나혜석을, 누군가는 시몬 드 보부아르를, 누군가는 자신의 어머니를 제인생의 사표로 삼기 이전, 이 땅의 소녀들이 거의 일치되게 사랑했던 인물이 바로 전혜린이었던 것이다. 그리고 거의 공통되게도 그녀들은 스무 살이 넘어가면서 전혜린을 동시에 잊었다. 사랑하는 것도, 잊는 것도 그렇게 동시에.

그녀에게는 그럴 수밖에 없는 조건이 애초부터 완벽했다. 나와 내 선배들은 이 땅에서 여자로 태어났다는 사실만으로 끊임없이 자기를 부정하는 삶에 익숙했다. 남자형제들에게 양보하는 일상을 살아가는 것은 거의 무의식에 가까웠다. 그렇게 살아왔고 살아가야 하는 소녀들에게 전혜린의 삶은 거의 환상에 가까웠다. 우선 희미한 존재로서의 나부터 찾아야 하는 현실에서 애초부터 완벽하게 자기 자신에게만 충실한 삶을 살 수 있었던 전혜린이 왜 부럽지 않았을까. 사랑은 그러니까 일종의 동경이다.

불같이 사랑했다가 물같이 차가워져버린 소녀 팬들을

두는 행복과 불운(?)을 동시에 누린 전혜린. 그러나 그 행복과 불운이란 기실 그녀 사후의 일들이다. 나는 전혜린 사후에 엮인 산문집 『그리고 아무 말도 하지 않았다』를 통해 처음 그녀를 알게 되었다. 그리고 단박에 그녀에게 빨려들었다. 내가 그녀를 까마득히 잊고 있던 스무 살 무렵에 재독 작가 이미륵의 『압록강은 흐른다』를 읽다가 그 책을 번역한 이가 내가 한때 사랑했던 전혜린이라는 사실을 알고 묘한 기분에 휩싸인 적도 있었다. 희미한 옛사랑의 그림자와 재회한 듯이. 그러고 나서 나는 새삼스럽게 그녀 전혜린에 대해 내가 뭘 알고 있는지 궁금해졌다. 첫사랑이라는 것이 항용 그러하듯이, 나는 어쩌면 전혜린이라는 실체보다 그 이미지에 더 매료됐던 건지도 모른다. 그녀가 남긴 짧은 단문들, 그 단문들에서 풍기는 어떤 비범함의 기운에 매혹되었던 것인지도.

  내가 사랑했던 전혜린. 그녀는 1934년 1월 1일 평남 순천에서 일본고등문관시험 사법·행정 양과에 합격하여 고

급관리가 된 아버지 전봉덕과 어머니 김순혜의 1남 7녀 중 맏딸로 태어났다. 국민학교 1학년을 마치고 아버지의 새 부임지 신의주에 가, 아이스크림을 먹고 소공녀가 입었을 것 같은 레이스 달린 흰 원피스를 입고 아버지가 사다주는 책을 마음껏 읽는, 말 그대로 행복한 어린 시절을 보냈다. 부산 피난지에서의 대학시절 또한 전혜린에게는 불행의 기억으로 남지 않았다. 말하자면 전혜린은 태생부터 그녀가 태어난 땅의 불행과는 무관한 삶을 살 수 있는 '천혜'(?)의 조건이 완벽하게 갖춰져 있었던 것이다. 식민지, 전쟁, 분단, 가난 따위에 삶의 한 끄트머리도 닿지 않은 '밀봉'된 삶을 살 수 있었던 전혜린에게 독일 유학시절의 가난은 차라리 생의 빛나는 아름다움이 될 수도 있었을 것이리라.

내가 지금, 새삼스레 전혜린을 떠올리는 이유는 무엇일까. 의식의 개화기에 그래도 내가 맨 처음 흠뻑 빠려들어 갔던 사람이어서라기보다, 비록 몰역사적, 몰사회적, 자아

과잉적 삶을 살다 서른두 살이라는 이른 나이에 세상을 떠난 그이에게 나와 내 동무들이 빠져들었던 이유가 정신으로 충만한 삶에 대한 동경 때문이었다는 사실 때문이리라. 물질이 범람하는 이 시대에 그녀, 전혜린이 추구하던 '정신으로 충일된 삶'이 새삼 그리운 까닭이리라. 비록 그녀의 정신이 당대 조국의 삶과는 무관하게 '무국적'적이었다 할지라도. ●

전혜린

田惠麟, 1934~1965

작가 · 번역가 ● 평안남도 순천에서 태어났다. 문학도를 꿈꾸었으나 법률가 아버지의 뜻에 따라 서울대 법대에 진학했다. 서울대 재학 시절 한국에서 1세기에 한 번쯤 나올 희귀한 천재라는 말을 들을 정도로 학업에 뛰어났으나 엄격한 법학보다는 자유로운 문학을 갈망하며 문학강의를 듣곤 하였다. ● 1955년, 한국 최초의 독일 유학생으로 뮌헨대학에 들어가 독문학을 공부했다. 자유로운 땅 슈바빙에서의 유학은 그에게 새로움과 행복감을 안겨주었다. ● 1956년 F. 사강의 『어떤 미소』를 시작으로 당시 독일문학의 불모지였던 한국에 이미륵의 『압록강은 흐른다』 L. 린저의 『생의 한가운데 』, W. 막시모프의 『그래도 인간은 산다』 등 10여 편의 독일어권 문학을 정확하고 아름다운 우리 문장으로 번역하여 소개했다. ● 1959년 귀국 후에는 서울대 법대, 이화여대를 거쳐 성균관대 조교수가 되었고, 문인들과도 활발히 교유하였으나 1965년 서른두 살의 나이에 돌연 자살, 생을 마감했다. ● 유고수필집 『그리고 아무 말도 하지 않았다』와 일기 · 편지를 엮은 『이 모든 괴로움을 또다시』를 통해 드러난 전혜린 특유의 감수성은 지금까지도 많은 독자들에게 기억되고 있다.

수천 개의 분노, 수천 개의 질문을 가진 여자

오리아나 팔라치

내가 아는 여자들 중 이 여자만큼 도발적인 여자를 나는 아직 알지 못한다. 남자든 여자든 인간으로서 지켜야 할 예의, 경우가 무엇인지에 대한 보통의 상식을 가진 사람이라면 대부분, 자신이 이런 말을 했을 때 상대방이 어떤 기분일까를 먼저 헤아리는 것은 거의 습관에 해당되리라고 나는 믿는다. 나 같은 사람이 이 여자, 오리아나 팔라치를 처음 접했을 때 드는 곤혹감, 그리고 그 곤혹감 뒤의 신선함은 새로운 충격이었다. 더군다나 그녀의 신분이 기자임

에랴. 내가 익히 알고 있는 기자, 특히 인터뷰어의 모습이란 인터뷰 대상자에게 최대한 자기 몸을 낮추는 자세였던 것 같다. 꼭 기자가 아니라도 나를 낮추고 상대를 높이는 자세를 가지는 것이 대인관계의 기본이라고 여겨온 나의 오래고도 완고한 상식은 오리아나 팔라치의 도발적이다 못해 저돌적인 '생의 자세' 앞에서 순식간에 맥을 못 추고 왜소해졌다. 그러나 그것은 기분 좋은 느낌이었다. 때로 우리가 알고 있는 예의나 상식이란 사실 알고 보면 용기 없는 사람들의 처세술이 될 수도 있음을 나는 팔라치의 경우를 보고 아프게 깨달아야만 했다.

처음엔 그녀에 대해 쓴 책을 보고 화가 나기도 했다. 뭐 이런 여자가 다 있을까. 그녀같이 명성 높은 기자가 나를 인터뷰할 일은 없겠지만, 자신이 해야겠다 마음먹으면 세상의 누구라도 만나는 그녀가 혹여 나에게까지 와준다면, 여간해선 상처받을 일 없는 나지만 그래도 그녀의 몸에 밴 공격적인 태도로 인하여 상처받을 수도 있겠다, 싶었다. 그리고 무엇보다 인터뷰 대상이 아니라 인터뷰하는 팔라

치 자신을 주인공으로 만들어버리는 그 놀라운 스타 의식
이라니. 1956년 주간지 『유럽인』L'Europeo은 기자 팔라치에
게 당대의 스타 마릴린 먼로를 만나라고 지시했다. 그러나
먼로를 만나기란 쉽지 않았다. 팔라치는 끝내 먼로를 만날
수 없었다. 기자가 취재대상을 만나지 못하면 기사를 쓸
수 없는 것은 자명한 이치. 그러나, 팔라치가 팔라치일 수
밖에 없게 하는 기회가 바로 그러한 때다. 팔라치는 먼로
를 만나기 위해 자신이 고군분투, 절치부심해야 했던 바로
그 여정을 기사화했던 것이다. 이 지점에서 독자들 눈앞에
마릴린 먼로는 저만큼 사라지고 오리아나 팔라치가 우뚝
나서게 되는 것이다.

그러나 독자들이 괜히 팔리치의 글에 열광했던 것은 아
닌 것이, 그녀의 기사는 단순히 사실 전달만을 위한 것이
아니었다. 팔라치 평전을 쓴 전기작가 산토 L. 아리코는
팔라치의 글을 이렇게 평했다.

오리아나 팔라치에게 있어 저널리즘은 항상 단순한 정보전
달 역할에만 국한되지 않는다. 생생한 아이디어, 문화적인 문
제에 대한 지적인 논의, 그리고 예술성이 그녀 기사의 특징이
다. 그녀는 베트남에 대한 자신의 기사, 아랍과 이스라엘 분쟁
에 대한 취재, 헨리 키신저, 하일레 셀라시에, 지오반니 레오
네와의 인터뷰 등이 프랑수아즈 사강의 소설만큼이나 중요하
다고 생각한다.

독자들이 한번 접하게 되면 결코 '그날치의 새소식' 정
도로 그냥 대충 훑고 지나칠 수 없게 하는 힘을 가진 기
사, 아니 기사라기보다 글을 쓰는 기자, 그리고 기자라기
보다 문학적 저널리스트이자 작가인 오리아나 팔라치. 기
자가 지녀야 할 '공정성'이란 그녀 앞에서 '운치와 인간성'
이 빠진 글을 쓰게 하는, 기사를 그냥 기사이게만 하는 태
도일 뿐이었다.

'전설의 여기자'로도 불리는 팔라치를 내가 처음 알게
된 것은 그녀 생의 유일한 연인이었던 그리스 혁명가 알렉

산더 파나굴리스를 모델로 한 소설 『한 남자』Un Uomo를 통해서였다. 팔라치는 기사는 소설처럼, 소설은 기사처럼 쓰는 어법을 구사한다. 그래서인가. 기자 출신 작가 김훈의 문체를 보면서 나는 팔라치를 연상했다. 그러나 김훈과 팔라치가 다른 것은, 김훈이 감정을 드러내지 않고 자신이 말하고자 하는 바의 핵심으로 최대한 굴착해 들어가는 드라이한 어법을 구사하는 반면 팔라치는 기사에서도 그렇지만 소설에서도 자신이 그리는 인물을 자신의 감정 속으로 한껏 끌어들여 결국은 자신의 이야기가 되게 하고 만다는 것이다. 기자라면 말할 것도 없고 작가들 또한 자신이 드러나는 글을 쓴다는 것은 용기를 필요로 하는 일이다. 그러나 팔라치는 천부적으로 '저돌적 용기와 열정'을 가지고 태어난 사람처럼 보인다.

1929년 무솔리니 독재 체제하의 이탈리아 피렌체에서 태어난 팔라치는 어린 시절 파시즘에 저항하는 부모를 따라 자신 또한 어린 레지스탕스가 되었다. 위급한 상황(멕

시코의 학생시위 현장에서의 부상, 베트남 종군기자 시절 등등)에서 더욱더 빛을 발하는 그녀의 '생을 향한 의지'란 다름 아닌 그녀가 어린 시절에 몸에 익힌 바로 그 저항 정신에서 비롯되지 않았나 싶다. 세계와 역사에 영향력을 행사하는 이들을 자극하여 또 다른 역사를 만들어낸 팔라치. 팔라치가 그럴 수 있었던 것은 "우리의 운명을 결정하는 자들이 실제로 우리보다 더 훌륭한 것은 아니다"라는 당당한 인식과 "일을 할 때마다 영혼의 일부를 거기에 남겨두고 오는" 열정 때문이었다. 그런 인식과 열정이 가능했던 것은 저 어린 레지스탕스 시절 이래로 그녀 가슴속에 차곡차곡 쌓인 "수천 개의 분노와 그 분노로 촉발될 수밖에 없는 삶을 향한 수천 개의 질문"이 있었기 때문이다.

1986년 이후 팔라치는 기자가 아닌 작가로만 살았다. 젊은 시절, 자신이 취재하는 대상보다 자신이 더 부각되는 기사를 썼음에도 세계의 명사들이 경쟁적으로 그녀에게 인터뷰 대상이 되길 원했던 유일한 기자, 팔라치는 뉴욕 망명 이후에도 치열한 글쓰기를 하며 살다 2006년 9월

15일 세상을 떠났다. 죽는 순간까지 '삶의 주도권을 자신이 쥐고서 자신이 주인공인 삶의 신화'를 써낸 긴 생머리의 저돌적인 기자이자 작가인 오리아나 팔라치를, 나는 삶이 자꾸만 자신 없어질 때 숨겨놓은 비상약처럼 만나보곤 한다. ●

오리아나 팔라치

언론인·작가 ● 이탈리아 독재정권에 맞서는 아버지와 함께 10대의 어린 나이에 레지스탕스 운동에 뛰어들었고, 이후 학업과 기자활동을 병행해나갔다. ● 중동전쟁, 베트남전쟁, 걸프전쟁 등의 현장을 누비며 최초의 여성 종군기자로 종횡무진 활약했고, 중국의 덩샤오핑, 팔레스타인의 아라파트, 인도의 간디, 이란의 호메이니와 미국의 키신저, 리비아의 카다피 등 각국의 정치지도자들을 공격적으로 인터뷰했다. ● 오리아나 팔라치는 실제 그리스 레지스탕스의 영웅 파나굴리스와 나눈 극적인 사랑을 그린 『한 남자』, 레바논 내전 취재 경험을 바탕으로 한 『인샬라』 등의 소설로도 크게 주목받았다. ● 말년에는 미국으로 망명, 외부활동을 중단하고 글쓰기에만 몰두했으나, 2001년 9·11 테러를 계기로 10년간의 침묵을 깨고 등장했다. 오사마 빈 라덴을 위시한 이슬람권을 향해 예의 두려움 없는 독설을 퍼부으며 반이슬람주의 논쟁의 한가운데 서기도 했다. 2006년 77세를 일기로 별세했다.

『전설의 여기자 오리아나 팔라치』, 산토 L. 아리코 지음, 김승욱 옮김, 아테네, 2005

수천 개의 분노, 수천 개의 질문을 가진 여자

흙과 더불어 산, 영원한 문학의 어머니

박경리

사진을 들여다본다. 그 사진을 들여다보는 것만으로도 문학적 향취가 묻어나는 것만 같은 작가, 박경리. 20대의 젊은 시절 모습부터 70대까지의 모습이 사진첩 속에 고스란히 담겨 있다. 나는 그 사진첩을 어렵게 입수하였다. 한 출판사가 1990년대 중반에 『토지』 완간을 기념하여 낸 『박경리 사진집』이다. 내가 박경리 선생을 광적으로 좋아한다는 것을 들은 한 선배작가가 자신이 소장하고 있던 걸 내게 보내준 것이다. 나는 그 사진집을 내 책상머리에 두

고 보고 또 본다. 작가 박경리의 초상은 내 영혼을 압도한다. 그의 초상을 단순히 아름답다, 하는 것은 일종의 모독이다. 나는 박경리의 초상에서 어떤 숭고함을 느낀다. 자존의 최대치를 구현하고 있는 한 표상이다.

셋째아이가 태어날 무렵, 나는 박경리의 『원주통신』을 읽고 있었다. 이미 두 번의 출산경험으로 나는 진통이 시작되어도 아기가 금방 나오지는 않는다는 것을 알고 있어서, 이왕에 읽던 책이고 또 손에서 놓기가 싫어서, 간헐적으로 찾아드는 진통을 참아가며 책을 읽었다. 그러다가 진통이 최고조에 다다랐을 때에야 나는 아쉽게(!) 책을 놓고 부랴부랴 병원으로 달려갔던 것이다.

작가 박경리를 말할 때 소설 『토지』를 비롯한 숱한 작품들을 말할 수 있겠으나, 나는 그의 문학 이전에 이미 그의 생애에 반해버렸다. 우리 시대의 작가들 중에 그처럼 자신의 생애와 문학을 일치시킨 작가도 없을 것이다. 박경리의 '생명사상'은 우연히 나온 것이 아니라고 나는 믿는다. 그

것은 『토지』라는 이 민족문학사의 거대한 탑을 쌓아가는 과정 속에서 자연스럽게 나올 수밖에 없었던 한 작가의 뼈 아프고 피맺힌 '육성'에 다름 아니다.

한국사회에서 작가란 어떤 존재일까. 아니 어떤 존재이어야 할 것인가,란 물음 앞에서 나는, 박경리가 작가다, 적어도 박경리처럼은 살아야 작가다,라고 말해야 한다고 생각한다. 현대작가들은 하나의 직업인으로서 낙착되어버렸다. 그런 면에서 박경리는 직업인으로서만 규정되기 이전의 작가군 중에 가장 작가답게, 말하자면 한 사회가 작가에게 요구하고 기대하는 바에 결코 어긋남이 없이 살아온 작가가 아닌가 싶다. 직업인으로서의 작가노릇에도 허덕거리는 나인지라, 아니 그래서 더욱더 진짜 작가답게 살아온 그의 말, 글, 행위 그 모든 것을 다 귀감으로 삼지 않을 수 없다.

선생이 쓴 「면무식」이라는 제목의 시가 있다.

밀짚모자를 쓰고

풀을 매는데

계분 실은 경춘원 차가 왔다

짐을 부리면서

손가락 하나 잘린 음성 나환자 노인이

과수원 하느냐고 물었다

아니요

텃밭에 줄 거요

했더니

노인의 말이

부자인가 보다.

아니요

유기농업을 해야 땅이 살지요

빤히 쳐다보며 노인은

흙과 더불어 산, 영원한 문학의 어머니 ──────

시골 노친네가 제법 유식하다.

호미를 들며
네 면무식은 했지요

멀리 논에서
개구리 우는 소리

하나의 풍경이 보이지 않는가. 봄날, 작가는 가까운 계사에서 농사에 쓸 계분을 주문했나보다. 시는 계분을 싣고 온 노인과 노작가의 대화를 있는 그대로 보여준다. 시에서 드러나는바, 작가는 서울생활을 정리하고 원주에 정착하여 근 20여 년간을 외부와의 접촉도 끊다시피 하고 글 쓰고 농사짓는 삶을 살았다. 작가 스스로 "고추농사는 이제 내가 박사"라고 할 만큼, '박경리표 고추'는 유명했다. 완간된 『토지』의 표지에는 작가가 손수 농사지은 고추를 봉지에 담고 있는 사진이 나와 있다. 언젠가 한 작가가 박경

원주 집 마당에서 직접 지은 고추를 말리고 있는 박경리

리의 '농부'와 다를 바 없는 거친 손을 보고, 글만 써서 하얀 자기 손이 부끄러웠노라 고백한 적도 있다.

박경리는 전쟁미망인이다. 젊어 한때 바느질을 해서 생계를 유지한 적도 있다고 한다. 전쟁미망인으로서 극심한 생계에의 공포에 시달리기도 했을 것이다. 전쟁의 와중에 홀로된 작가는 졸지에 자식 하나를 잃고 노모와 딸 하나를 책임진, 말 그대로 '여성가장'으로서 글을 써야 했던 것이다.

박경리는 내게 천생 '어머니'로 다가온다. 말하자면 내게는 '문학적 어머니'로 되어 있는 것이다. 손은 거칠되 품은 한없이 너르고 푸근한 그런 어머니. 작가 김훈은 「1975년 2월 15일의 박경리」라는 글에서 이렇게 쓰고 있다. 그날은 박경리의 사위인 시인 김지하가 감옥에서 출감하던 날이다.

그리고 그때 나는 보았다. (…) 웬 허름한 여인네가 포대기로 아기를 업은 채, 추위 속에서 웅크리고, 저물어가는 교도소

정문 쪽을 내려다보고 있었다. (…) 아이가 칭얼거릴 때마다 그 여인네는 몸을 흔들어서 아이를 얼렀다. (…) 그 여인네가 아기를 업은 포대기는 매우 낡아 있었다. (…) 아무도 그 여인네를 알아보는 사람은 없었고, (…) 그때 그 여자는 길섶에 돋아난 풀 한 포기보다 더 무명無名해 보였고, 자신의 존재를 드러내 보일 아무런 이유가 없는, 어떤 자연현상처럼 보였다.

낡은 포대기로 아기를 업은 '그 여인네'가 바로 작가 박경리다. 아기를 업은 작가 박경리. 동서고금에 어디 가서 우리가 그런 작가를 만날 수 있을 것인가. 그리하여 이 시대 사람들은 작가 박경리와 동시대를 살았다는 것만으로도 참으로 복 받은 것임에 틀림없다. ●

흙과 더불어 산, 영원한 문학의 어머니 ————

박경리

작가 ● 김동리의 추천으로 1955년 단편소설 「계산」에 이어
1956년 「흑흑백백」을 『현대문학』에 발표하며 등단했다. 1962년
『김약국의 딸들』을 시작으로 『시장과 전장』 『파시』 등 사회와
현실을 비판적으로 묘사한 문제작들을 잇달아 발표하며 주목을
받았다. ● 1969년부터 1994년까지 장장 25년에 걸쳐 집필한
대하소설 『토지』는 반세기에 걸친 한국사의 격동기를 다양한 삶의
모습을 통해 깊이 있게 묘사한 작품으로 영어, 일본어, 프랑스어로
번역되어 호평받았다. 『토지』를 비롯하여 소설 『불신시대』,
『나비와 엉겅퀴』, 『영원의 반려』, 『노을진 들녘』, 『신교수의
부인』과 시집 『우리들의 시간』, 에세이 『원주통신』 등을 냈으며,
1999년 한국예술평론가협회 주최 20세기를 빛낸 예술인에
선정되었다. ● 1996년 토지문화재단을 설립했고, 1999년
강원도 원주에 토지문화관을 세워 예술인과 후학 들의 창작 공간을
마련했다. 2008년 어린이날, 83세를 일기로 별세했다.

『박경리 사진집』, 솔출판사, 1994
『우리들의 시간』, 박경리 지음, 나남출판, 2008

권력을 행사하는 아름다운 방법

다니엘 미테랑

프랑스 대통령이었던 프랑수아 미테랑의 부인, 다니엘 미테랑을 이야기하면 사람들은 대부분 "아, 남편이 혼외 자식을 낳았는데도 아무렇지 않아 했던 그 대통령 부인?" 한다. 그리고 그뿐이다. 관심사는 그러니까 오직 그녀의 사생활이지, 공생활이 아니다. 그녀의 인품과 그녀가 펼쳤던 의미 있는 사회적 활동들에는 관심이 없다. 세상은 온통 남녀의 사생활에만 관심을 돌리고 심지어 유력 신문들까지 가세해 사생활 들추기에 골몰한다. 그러나, 우리가

남의 사생활을 들추어서 얻을 수 있는 것은 다만 저급한 호기심의 충족뿐이다. 그래서 뒤에 남는 것은 내가 결국은 저급한 인간이라는 쓸쓸한 확인뿐이다.

사람들은 흔히들, '내가 그와 함께 살고 있다는 것이 자랑스럽게 여겨진다'는 말을 하곤 한다. 그것은 그 사람을 통해서 인간인 나의 존엄을 확인할 수 있을 때이다. 어떤 사람을 통해서 내 저급함을 확인하는 것과 내 존엄을 확인하는 것. 세상에는 늘 그 두 가지 유형의 만남이 있다. 나는 다니엘 미테랑을 통해서 그녀와 내가 같은 인류에 속한다는 것이 자랑스러웠다. 그녀는 사람들로 하여금 인간의 품격과 존엄을 재발견하게 하는 매력과 힘을 가진 것이 분명하다. 그렇지 않다면 비록 책을 통해서지만 그녀를 만나고 난 지금, 이렇게까지 내가 그녀를 닮고 싶어지지는 않을 테니까. 그런 걸 두고 사람들은 '귀감'이라고도 한다.

귀감이 되고도 남을 사람, 다니엘 미테랑에 관한 글을 쓰기 직전 나는 프랑스 사르코지 대통령이 부인 세실리아

와 이혼했다는 소식을 들었다. 들리는 소식에 의하면 세실리아는 꽤 자유분방한 성격의 소유자인 듯하다. 결론적으로 세실리아는 자유로운 삶을 위해 대통령 부인 자리도 마다한 여인이다.

나는 그런 세실리아의 용기가 부럽다. 남편이 가진 부와 지위로 자신의 위치를 확인하기 쉬운 우리 현실에서는 더욱 그렇다.

그런데 지금 소개하고자 하는 다니엘 미테랑 또한 세실리아 못지않은 자유의 여인이었다. 그러나, 그들이 구가한 자유는 같은 자유인데도 엄연히 다른 자유처럼 느껴진다. 굳이 구분하자면 개인적 자유분방함과 인간적 자유 추구라고나 할까. 내가 과문해서인지는 모르겠지만 세실리아는 확실히 '신세대풍 자유'를 구가하는 스타일인 것 같다. 반면에 다니엘 미테랑은 자신의 자유를 뛰어넘어 인류의 자유를 위해 헌신하는 자유를 누렸다고나 할까. 그래서 국내에 소개된 다니엘 미테랑의 자서전 부제도 '모든 자유를 누리며'다. 다니엘은 대통령 부인이 되지 않았어도 자신의

자유와 억압받는 인류의 자유를 위해 스스로를 헌신하는 삶을 살았을 것 같다. 그런데 그녀가 대통령 부인이 됨으로써 그녀의 자유를 향한 의미 있는 노력들이 탄력을 받게 된다. 세실리아가 자신의 자유를 지키기 위해 대통령 부인 자리를 반납했다고 한다면, 다니엘은 그 자유를 위해 대통령 부인 자리를 잘 활용했다고나 할까.

때마침 터키 의회가 터키와 이라크 국경 사이에 살면서 독립을 주장하는 쿠르드족을 공격하는 것을 승인했다는 소식을 듣는다. 그리고 곧이어 터키군과 쿠르드 반군과의 교전에 의한 사람들의 사망 소식. 나는 자연스럽게 1990년대 중반에 다니엘 미테랑이 '쿠르드족의 독립'을 위해 펼쳤던 지원활동을 떠올린다. 그녀는 그때도 터키군의 쿠르드족 공격을 단호하게 비난했다. 그녀는 중국의 침공을 받은 티베트, 터키의 침공을 받은 쿠르드족, 이스라엘에 의해 제 땅에서 쫓겨난 팔레스타인의 편에 섰다. 말하자면 그녀는 불의 앞에서 분노할 줄 알고 그 분노를 대통령 부인 자리,

혹은 프랑스자유재단 이사장으로서의 권위로 적절히 제어했다. 그리고 끈질기고 참을성 있게 차근차근 세상의 모든 불의를 향해 반대 의사를 표명하고 반대 의지를 관철해나갔다.

다니엘 미테랑의 대사회적 발언의 밑바탕에는 레지스탕스 활동을 하면서 자연스럽게 체화된 '억압받는 사람들의 입장'이 있었다. 그녀는 스스로 억압당하면서 억압받는 사람들 편이 될 수밖에 없었고, 그것은 억압받는 인류에 대한 애정으로 확장되었다.

사람들은 자신도 모르게 힘센 자 편에 서기가 쉬운 법이다. 그 행동이 결국은 세상의 악을 더욱 공고히 한다는 사실을, 그러나 사람들은 알아채지 못하거나 알아도 모른 척한다. 대부분은 자신의 행동을 합리화하는 데 급급할 수밖에 없을 만큼 약하다. 그러나 다니엘 미테랑은 강했다. 정의로워서 진정으로 강한 여인이었다. 그 강함은 많은 어려움에도 불구하고, 아니 어려운 상황을 통과하면서 약한 자 편에 설 수밖에 없었던 고운 심성에서 나오는 강함이다. ●

다니엘 미테랑

인권운동가 ● 제2차 세계대전이 일어났을 때 14세의 나이에 레지스탕스 운동에 뛰어들었고, 그후 자유를 쟁취하기 위한 투쟁으로 일관하는 삶을 살았다. ● 1944년 레지스탕스 운동 시절 만났던 프랑수아 미테랑과 결혼, 1981년부터 1995년에 걸친 미테랑 전 대통령 집권 14년 동안 프랑스의 퍼스트레이디로 지냈다. 하지만 영부인이라는 화려한 자리에 머무르지 않고 전 세계 고통받는 사람들을 돕는 데 헌신했다. ● 1986년 프랑스자유재단을 설립, 제3세계 지원, 인종차별과 아동학대 철폐 등에 앞장서는 인권운동가로 활발히 활동했다. 특히 티베트인과 쿠르드족 등 소수민족의 권리 보호와 개발도상국의 물 문제 해결에 앞장섰다. ● '퍼스트레이디'라는 호칭을 싫어했지만, 프랑스 영부인 중 그 누구보다도 사랑받고 존경받는 '퍼스트'레이디로 손꼽히던 그녀는 2011년 11월 22일, 세상을 떠났다.

『다니엘 미테랑』, 다니엘 미테랑 지음, 권유현 편역, 여성신문사, 1996

권력을 행사하는 아름다운 방법 ──────

굽힐 줄 모르는 '정신'의 최대치

박진홍

그는 나와 동일한 사건 때문에 투옥되었다가 나온 지 몇 날도 되지 않아서 나를 찾았다. 얼굴이 붓고 다리가 부어 있음에도 불구하고 일제의 치안유지법 사범의 경력을 가진 그의 투지가 아직도 왕성한 데 나는 놀랐다. 나는 그가 하나의 연약한 여자의 몸으로 그렇게 용감하게 싸워왔다는 데서 무한한 존경을 하게 되었고 그 후 몇 차례 접촉하는 동안에 그 존경은 사랑의 감정으로 변질되었다.

이 글을 쓴 사람은 일제시대 국문학자 김태준이다. 김태준은 1944년 11월 "연약한 여자의 몸으로 용감하게 싸우는 모습에 존경의 염을 넘어 사랑을 하게 된" 바로 그 여자와 함께 '연안행'을 감행한다. 연안은 어디인가. 왜 두 사람은 일제 경찰의 삼엄한 감시망을 뚫고 연안으로의 '탈출'을 감행해야만 했던가.

1944년 11월 27일 밤, 마침내 그들은 가족과 정든 산천을 뒤로한 채 중국으로 가는 밤 기차를 탄다. 조선의용군 근거지가 있는 바로 그 연안으로 가기 위해서. 그리고 그렇게 연안으로 가는 그 노상에서 경성제국대학 교수인 국문학자 김태준과 1931년 동덕여고보에서 퇴학당한 이래 줄곧 감옥을 제 집 드나들듯 하던 불굴의 투사 박진홍의 결혼식 없는 결혼생활이 시작된 것이다. 연안으로 가는 여정은 험난했다. 그러나 그 험난한 여정 속에서 두 사람은 사랑했다. 험난하지 않았으면 오히려 그 사랑의 빛이 덜 휘황할 것 같은 그런 사랑이었다. 그러나 기실 두 사람의 사랑은 휘황하다기보다 절박했다. 현실의 절박함이 두 사

굽힐 줄 모르는 '정신'의 최대치 ———

람으로 하여금 그토록 절실한 사랑을 하게 하였던 것이다.

두 사람의 탈출기인 「연안행」을 보면서 나는 저 1980년대가 떠올랐다. 군사독재와 투쟁하는 와중에도 젊은이들은 사랑을 했다. 일종의 '동지적 사랑'이었다. '투쟁 속에 꽃피는 사랑'이었다. 자욱한 최루탄 연기 속에서 누군가 손에 손수건을 쥐여주던 바로 그런 사랑. 경찰서 유치장에 지친 몸을 뉘었을 때 저 또한 힘든 몸을 일으켜 다가와서 아무도 몰래 슬쩍 머리를 쓰다듬던 사랑. 사실 그런 사랑이 그 시절 최고의 사랑이었다. 그래서 감히 공개적인 사랑은 할 엄두도 내지 못했다. 자고로 비장한 맛이 좀 있어야 사랑 같다는 생각이 아마 그때 그 시절의 경험과 무관하지는 않을 것이다. 나는 김태준과 박진홍의 사랑에서 바로 그 80년대 우리 세대가 경험했던 그런 사랑을 발견한 거였다. 나는 두 사람의 사랑에서 내 사랑을 발견하고는 몸을 떨었던 것이다. 외모에 반하기보다 '투쟁의지'에 반하는 사랑. 조건은 상상도 못 하고 오직 '높은 이상과 순

수한 영혼'만을 바라봤던 사랑. 그런 사랑을 하던 젊음의 기억이 내게도, 당신에게도 그리고 우리에게도 있었던 것이다. 김태준과 박진홍의 사랑 같은 그런 사랑이.

　박진홍은 1914년 함경도 명천에서 태어났다. 명천은 일제하 민중운동사에서 '농민운동'으로 유명한 곳이다. 1928년 가족과 함께 상경한 진홍은 당시 많았던 기독교계 학교가 아닌 민족주의 계열의 동덕여고보에 들어갔다. 1931년 4학년 때 진홍은 1989년까지 북한노동당 고위 서열에서 이름을 발견할 수 있는 울산 출신 이순금 그리고 이효정 등과 동맹휴학을 주도하여 퇴학을 당한다. 그때 동덕학교에는 나중에 '조선 정판사 위폐 사건'에 연루되어 옥살이를 하다가 한국전쟁 때 대전형무소에서 처형당한 이관술이 지리 선생으로 있었다. 천재들만이 들어갔다는 도쿄고등사범학교를 나온 이관술은 그때까지 민족주의 교육을 하는, 정의롭지만 평범한 선생이었다. 그러다가 제자인 진홍이 퇴학을 당하면서부터 이관술의 의식도 변하기

굽힐 줄 모르는 '정신'의 최대치 ──────

시작했다. 나중에 그들은 일제시대 사회주의 노동운동의 거성인 이재유, '지리산 빨치산 대장'으로 더 유명하지만 일제시대부터 노동운동가였던 이현상 등과 함께 독립운동 단체이자 비밀결사조직인 '경성콤그룹'을 결성하게 된다. 그 콤그룹마저 와해된 뒤 동지들은 일제의 감시를 피해 뿔뿔이 흩어지고, 박헌영 같은 이는 이름을 김성삼으로 바꾸어 광주 근방의 벽돌공장으로 숨어 들어갔다. 그러니까 두 사람은 감옥에서 막 나온 진홍이 그렇게 동지를 찾아 헤매던 도중에 만난 거였다.

신난간난 끝에 연안에 도착한 지 얼마 안 돼, 두 사람은 조국해방 소식을 듣고 다시 험난하기는 마찬가지인 귀국길에 오른다. 그때 두 사람의 사랑의 결실인 아이를 낳는다. 해방 후에 박진홍은 조선공산당 부녀부 간부로 일했다. 바로 그 시절, 진홍의 모습을 성혜림(김정일의 전 부인)의 모친 김원주가 상세히 묘사한 기록이 있다.

그는 하던 일을 제쳐놓고 두 팔을 포개어 책상 위에 놓는다.

가무잡잡하고 동글납작한 얼굴, 앉은키로 보아서도 키가 그리 커 보이지 않는 오동통한 자세, 구겨진 소매통 좁은 흰 당목저고리를 입고 윗니가 아랫니보다 앞으로 좀 버그러져서 흰 이가 밖으로 나와 한결 상냥해 보인다. 아무리 보아도 수수한 시정의 살림집 여자다. 오직 그에게서 눈에 띄는 것은 그 동그랗고 빛나는 눈이다. 그는 눈을 똑바로 뜬 채 나를 유심히 살피며 어떻게 오셨습니까, 하고 물었다.

"아무리 보아도 수수한 시정의 살림집 여자"가 불굴의 혁명가 박진홍의 겉모습이다. 조선 최고의 여류소설가 강경애가 그저 해란강에서 빨래를 하고 물을 긷는 평범한 아낙네의 모습을 했던 것과 똑같이, 박진홍 또한 그랬던 것이다. 1945년에서 1950년 사이, 이효정이 증언한 박진홍의 모습 또한 크게 다르지 않다. 그러나 그녀는 그때, 남한에서 가장 열렬한 사회주의운동가 중 한 사람이었다.

나는 박진홍에게서 겉모습과는 아무 상관없이, 아니 그

굽힐 줄 모르는 '정신'의 최대치 ———

렇기 때문에 더욱더 '나아갈 수 있는 데까지 나아간 충만한 정신의 최대치'가 뿜어내는 가없이 아름다운 모습을 본다. 진정으로 아름다운 여자는 (남자 또한) 여자로서 아름다운 사람이 아니라 사람으로서 아름다운 사람이다. 신념이 지시하는 바, '정신적 삶'을 온몸으로 살았던 아름다운 사람 박진홍은 1949년에서 1950년 사이 홀연 북쪽으로 사라졌다. 세주, 세연 두 남매를 데리고서. ●

박진홍

사회주의운동가 ● 함경북도 명천에서 태어났다. 일제강점기에
박소영, 이영숙, 최순녀라고도 불리며 독립운동가로 활동했다.
천재라고 불릴 만큼 대단히 총명하였으며, 사람을 끄는
매력이 있는 조선 처녀이자 굳은 신념을 지닌 투사로 알려져
있다. ● 동덕여자고등보통학교 시절부터 독서회 등 비밀결사에
가입하여 항일의식을 키웠으며, 동맹휴학을 주도하다 퇴학당한
이후 본격적인 항일활동을 시작했다. 경성아르에스협의회 사건,
조선공산당재건 경성준비그룹, 적색노동조합운동, 조선공산당
재건운동, 경성콤그룹 등에 연루되어 체포되었으며 이중 네 차례
실형을 선고받고 10여 년간 복역했다. ● 조선공산당재건
경성준비그룹을 주도한 사회주의운동가 이재유와 결혼하였으나
1944년 사별하였고, 그후 경성콤그룹에서 함께 활동한
김태준과 결혼하여 중국 화북지역의 화북조선독립동맹에서
항일무장운동을 벌였다. ● 1945년 11월 귀국, 1948년에는
남조선인민대표자대회에서 최고인민회의 대의원에 선출되었다.
안타깝게도 언제 어디에서 사망했는지에 대한 기록은 남아 있지
않다.

『김태준 전집』, 김태준 지음, 보고사, 1998
『등나무집』, 성혜랑 지음, 지식나라, 2000

굽힐 줄 모르는 '정신'의 최대치 ───

아름다움을 발견하는 눈, 잣대는 사랑

도로시 데이

얼마 전에 리 호이나키의 『정의의 길로 비틀거리며 가다』란 책을 읽다가 거기서 지은이가 '동의하고 함께하고자 했던' 인물이 도로시 데이라는 것을 알았다. 짐 포레스트가 쓴 도로시 데이의 전기 『잣대는 사랑』Love Is the Measure 은 20대 후반 우연히 내 수중에 들어온 책이었다. 나는 그 책을 읽어야지, 읽어야지 하면서도 여태껏 읽지 못하고 있다가 리 호이나키를 만나고 나서야 읽게 되었다. 그리고 가슴을 쳤다. 내가 왜 그때, 책이 내게로 왔던 바로 그때

읽지 못했던 것일까, 하고. 나는 20대의 어느 한때 가톨릭 수녀가 되기를 꿈꾸었었다. 20대 후반에도 수녀 되는 것이 허락된다면, 그리고 내가 아이 엄마가 아니었다면 나는 아마 『잣대는 사랑』을 읽고 나서 곧바로 수녀원으로 갔을지도 모른다. 수녀는 못 되고 개인적으로 가톨릭신자가 되긴 했지만, 나의 종교적 입장에서라기보다 한 '총명하고 자립의지가 강하고 아리따운' 사람으로 도로시 데이를 소개한다. 그리고 왜 나는 지금 도로시 데이인가. 도로시 데이를 왜 지금 말하고 싶은가.

2008년 취임 직후 이명박 대통령이 '베스트 오브 베스트'라며 새 내각후보를 선정했고 그중에 세 명의 후보가 재산 문제로 사퇴했다. 대통령을 위시하여 새 정부가 온통 부자인 사람들로 채워진 것이 우연인지 아닌지 나는 알 수 없다. 누구 말대로 부자인 것이 문제는 아니리라. 그런데도 나는 '가지지 못한 자의 불만'인지 뭔지, 돈 많은 게 뭐가 문제냐 능력만 있으면 되지,라는 논리 앞에서 상처받고, 상처받은 마음은 자꾸만 뭔가 다른 세상, 돈이 능력으

로 통하는 민망한 세상이 아닌 '거룩한 심성이 통하는 거룩한 세상'을 꿈꾸게 된다. 그래서 찾는 책도 그런 책들이다. 돈 세상에서 돈 아니고도 누구보다 '능력 있게' 누구보다 '거룩하게' 살다 갔거나 살고 있는 사람들, 그런 심성을 가진 사람들이 쓴 책 말이다. 그중에 하나가 『정의의 길로 비틀거리며 가다』였고, 또 거기서 새삼스럽게 발견한 이름이 도로시 데이였다. 내 옆에다 두고도 오랜 세월 발견하지 못한 맑고 어여쁜 영혼, 도로시 데이.

기자이자 작가이고 사회운동가이면서 영성가였던 도로시는 1897년 미국 브루클린에서 태어났다. 아버지와 잘 맞지 않았던 도로시는 1914년 대학에 합격한 것을 계기로 자립심에 가득 차서 집을 떠났고 "내가 대학에 갈 수 있게 자유로운 반면, 다른 쪽에는 가게나 공장에서 젊음을 바치고 때가 되면 그런 공장에서 노예 노릇을 하는 남자에게 시집을 가야 하는 여자들이 있다는 것을 항상 염두에 두는" 대학생활을 시작했지만, 1916년 대학을 그만두고 사회

주의 신문인 『부름』The Call 지의 기자로 취직했다. 월급을 줄 수 없는 신문사였다. 월급이 없으니 가난한 생활을 할 수밖에 없었지만, 그 가난한 생활 주변에서도 도로시는 아름다움을 발견해내는 특별한 재주가 있었다. 그것이 바로 도로시 데이가 갖고 있는 '거룩한 심성'의 한 단면이 아닐는지.

아이들이 도랑과 재가 담긴 깡통 사이에서 숨바꼭질하며 노는 사이로 30분에 한 번씩 마차가 지나가는 생명력이 가득한 거리였다. 아이들이 외치는 소리와 함께 음침한 뼈대처럼 건물의 앞에 붙어 있는 비상구에서 엄마들이 부르는 소리로 시끄러웠다……. 귀가 먹고 바싹 마른 말이 끄는 회전목마가 가끔 등장하기도 하였다. 한 번 타는 데 1페니씩이었고 회전목마를 돌게 하는 손잡이를 주인이 잡고 돌리면 나오는 음악이 동네 아이들을 모두 집합시켰다.

멀지 않은 과거에 우리 주변에서 흔히 봤던 풍경과 흡사

아름다움을 발견하는 눈, 잣대는 사랑 ─────

하다. 2004년부터 4년 동안 얀이라는 프랑스 사진작가가 하늘을 날며 찍은 사진 중에 한국의 풍경도 있었다. 우리가 흔히 보던 우리 주변의 평범한 풍경들이 이국의 사진가가 찍은 사진에서는 '예술'이 되어 있었다. 심지어 쓰레기장조차도. 어쩌면 아름다움을 발견해내는 눈이란 그 사람의 심성에서 나오는지도 모른다는 생각이 들었다. 가난한 사람과 가난한 삶에서 아름다움을 보아낸다는 것은 그가 특별히 복 받은 사람이기 때문이라는 생각도 들었다. 어쨌든 가난한 풍경 속에서도 '가득한 생기'를 발견할 줄 아는 도로시는 그래서 평생 동안 가난한 이들과 함께 살았다.

1927년 도로시는 두 번의 연애 중 한 번의 낙태를 경험하고 나서 두 번째 임신을 하여 요샛말로 하자면 '미혼모'가 되었다. 아이를 낳고 나서 "기쁨의 홍수"가 몰려왔다고 도로시는 적었다. 과연, 많은 사진 중에 딸과 함께 찍은 사진 속에서 도로시는 가히 아름답다. '생기와 깊은 평화'가 그녀를 빛나게 하고 있다.

도로시는 '평화주의자'다. 그녀는 말했다. "진정으로 영원한 평화는 평화적인 방법으로만 이루어진다"고. 무장한 미친 사람이 딸을 위협하면 어떻게 하겠느냐는 질문에도 "완벽한 사랑은 두려움을 물리치고 사랑은 미움을 이긴다"고 대답했다.

총명하고 생기롭고 아리따운 육체와 영혼을 가진 이 여인은 어떻게 세상을 사랑했는가. 한 멋쟁이 여자가 준 다이아몬드 반지를 도로시는 자신이 운영하는 '가톨릭 노동자'가 꾸리는 무료급식소인 '성 요셉의 집'에 오는 가난한 할머니에게 내주었다. 사람들이 그 반지를 팔면 할머니가 집을 살 수도 있을 것이라고 말하자 도로시는 "할머니는 인격을 가진 인간이므로 반지를 하고 싶은 대로 할 수 있습니다. 노동자의 집에 반지를 가지고 온 여자처럼 반지를 끼고 즐길 수도 있어요." 하고 대답하며 다음과 같이 되물었다.

"하느님께서 부자들만 즐기라고 다이아몬드를 창조하셨다고 생각해요?"

이렇게 '멋진' 심성을 가진 여자가 그립다. 그런 사람이 그립다. 멋진 심성을 가졌을 뿐 아니라 멋진 글을 쓰는 소설가이기도 했던 도로시 데이는 1980년 11월에 '책 한 장을 넘기는 것만큼이나 조용하게' 세상을 떠났다.　●

도로시 데이

영성가 · 사회운동가 · 작가 ● 뉴욕 브루클린의 개신교 가정에서 태어났다. 10대 후반에 미국 사회당에 입당, 스무 살부터 뉴욕의 사회주의 신문 『부름』과 월간지 『민중』의 기자로 활동하며 아동 노동과 가난한 이들의 현실을 보도했다. 기자 시절 극작가 유진 오닐을 비롯하여 지식인, 작가 들과 교유하며 한때 급진적 사회주의자로 활동했다. ● 1932년 대공황 절정기에 일어난 '굶주림의 행진' 취재차 워싱턴에 갔다가 민중을 굶주림으로 내모는 자본주의에 깊은 슬픔과 분노를 느꼈다. 이를 계기로 노동자와 민중을 위해 살아야겠다고 다짐하고 뉴욕에 돌아온 도로시는 피터 모린과 『가톨릭 노동자』라는 신문을 발행한 것을 시작으로 가톨릭 노동자 운동을 펼쳐나갔다. ● 1935년에 '환대의 집'을 열고, 1936년까지 미국 전역에 33곳으로 확대해나가며 사회적 소외자들을 돌보는 일에 앞장섰다. ● 자전소설 『열한 번째 처녀』와 가톨릭 노동자 운동을 기록한 『환대의 집』, 『빵과 물고기』 등을 냈다.

『잣대는 사랑』, 짐 포리스트 지음, 유영난 옮김, 분도출판사, 1991
『고백』, 도로시 데이 지음, 김동완 옮김, 복있는사람, 2010

거대한 시인 김수영을 만든 '여편네'

김현경

김수영을 읽는다. 180센티미터에 육박하는, 당시로서는 큰 키에 오직 정신만을 담고 있는 듯한 커다란 눈을 가진 이 호리호리한 사내를 내내 잊어먹고 살다가 어느 날 문득, 발작적으로 생각나는 때가 있다. 아, 사랑이란 그런 것이다. 수영은 늘 결론은 말할 것도 없고 글 마디마다 사랑을 말했었다. 「무허가 이발소」라는 제목의 글에서 그는 말한다.

저 다 해어진 신에, 저 더러운 옷에 저 반짝거리는 머리가 어떻게 어울린다고 저 불필요한 치장을 하나 하고 처음에는 화도 내보았지만, 자세히 생각하면, 불쌍한 저 아이가 저렇게 정중한 우대를 받고 사람대우를 받는 것은 무허가 이발소에서밖에 있으랴 하는 측은한 감이 들고, 사람이 얼마나 귀중한 것인가를 얼마나 까마득하게 잊어버리고 있는 우리들인가 하는 원시적인 겸손한 반성까지도 든다. 참 할 일이 많다. 정말 할 일이 많다! 불필요한 어리석은 사랑의 일이!

그리하여 나는 내 나름대로 그리고 내 맘대로 김수영을 '사랑의 시인'이라고 명명하고 싶다. 그 사랑의 시인을 향한 그리움이 어느 날 미친 듯이 폭발할 때가 있다. 말하자면 너무 그리우면 몸이 아파서, 일부러 잊어먹고 있다가 어느 한날을 '김수영 그리워하는 날'로 잡는 것이다. 그래봤자 내가 할 수 있는 일은 그동안의 그리움을 해소하는 방법의 하나로 그가 남긴 글을 읽는 것뿐이지만. 물질의 힘이 맹위를 떨치고 있는 이 남루하고 척박한 세상에서 내

거대한 시인 김수영을 만든 '여편네' ──────

가 할 수 있는 일은 그렇게 김수영을 읽는 것, 오직 그뿐인지도 모르겠단 생각을 하면서.

김수영은 소음에 민감했다고 한다. 소음에 민감한 사람들의 특징은 성정이 예민하다는 것이다. 당연히 신경질이 많았을 테고.「밀물」이라는 글의 한 대목이다.

요즈음 떠드는 '반공법'인지 무언지도 어쩌나 혼자서 화를 내고 술만 퍼먹었던지 또 간장염이 도지고 말았고, 여편네한테 화풀이를 하는 바람에 문창호 두 장만 산산조각이 났다.

수영은 천상, 외로울 수밖에 없는 사람이다. 이렇게 신경질 많은 사람이 친구가 많을 리가 없다. 그러나, 그런 수영에게도 친구는 있었다. 김수영의 신경질을 다 받아주고 그가 너무 좋아서 이야기를 하다 보면 어느새 그의 무릎에 앉아 있게 되고, 밤을 새워 함께 시를 쓰고 대화를 나누었다는 가장 절친한 친구는 다름 아닌 그의 아내였다

는 사실을 나는 최근에야 알았다. 한 문학계간지에 김수영 시인의 미망인을 인터뷰한 글이 실린 적이 있다. 김수영의 산문에 자주 등장하는 '여편네'가 바로 그녀, 김현경이다. 인터뷰 글을 읽으면서 나는 김수영의 아내 김현경의 매력에 흠뻑 빠져들었다. 김수영의 매력은 어쩌면 김현경의 매력이 그대로 투영된 것인지도 모른다. 나는 내가 김수영의 글을 읽을 때 그랬던 것처럼, 김수영의 사진을 들여다볼 때 그랬던 것처럼, 김수영의 아내이자 친구였던 김현경의 한마디 한마디에서 풍겨 나오는 묘한 아름다움에 단박에 매료되고 말았다.

　김현경의 말은 거침이 없었다. 그러나 그 거침없음은 결코 거칠지 않았다. 김현경의 증언으로 나는 김수영과 김현경의 시대가 궁핍했던 만큼 품격이 있었다는 사실도 알았다. 가령 이런 문답은 어떤가.

　　"두 분은 몇 년에 결혼하셨어요?"

　　"우리는 결혼식도 안 했어. 왜 그러냐면⋯⋯."

"아무래도 선생님 댁은 유복하고 김수영 시인 쪽은 집안이 어려우시니 집에서 반대가 심했겠어요."

"반대고 나발이고 없어. 하루는 가니까 김 시인이 치질이 발생한 거야. 사람이 여기부터 걷지를 못해."

김현경은 치질 걸린 사람을 병원으로 데려가 치료시키고 집에서 물건을 빼내 팔아서 김수영과 살림을 차렸다. 그냥 그렇게, 좋아하는 남자와 여자가 같이 사는 게 '결혼'이다. 결혼에다 온갖 의미를 부여하고 결혼식 한번 하자고 온갖 형식을 다 동원하는 요즘 세태에 비하면 두 김 ― 김 커플의 결혼은 그 얼마나 담백한가.

김수영은 곧잘 글에다 '여편네'가 어쩌고, 라고 썼지만, 실은 김현경을 인정해준 유일한 사람이라고 한다. 김현경은 옷 만드는 재주가 특출했다. 김수영의 옷은 모두 김현경이 해서 입힌 것들이다. 김수영의 산문집에서 종종 발견되기도 하듯이, 김현경은 '재주꾼'임에 확실하다. 나중에

1961년의 가족 사진.
왼쪽부터 김현경, 김수영의 어머니와 동생 수명, 김수영

'그레이스'라는 상표의 '부띠끄'를 경영했던 것을 보더라도 그렇다. 어찌 보면 강인하지만 그 내면은 상처 입은 짐승(그는 실지로 여러 번 죽음의 문턱까지 가는 고초를 겪은 사람이다)과도 같이 여렸던 김수영이 김현경이라는 여자를 만나지 못했다면, 우리는 오늘 '시인 김수영'을 알지 못했을지도 모른다. 김수영은 김현경이 '당신은 최고의 시인'이라고 말해주면 좋아 죽는 사람이었다. 그러면서, "나는 인류를 위해 시를 쓰는 사람이야"라고 으쓱하면 김현경은 "여보, 나는 그 소리 좀 안 했으면 좋겠어. 당신이 인류를 위해서 시를 쓴다니 나는 무서워 죽겠다" 그러고, 또 김수영은 "당신이 최고의 평론가"라고 치켜세우고. 이쯤 되면 김현경과 김수영은 최고의 '파트너'였음이 틀림없다.

"내가 이번에 러시아 에르미타슈 미술관을 가서 보고 깜짝 놀랐어. 피카소 그림의 걸작은 다 소련에 가 있는 거야. 1900년대, 1890년대면 혁명전야야. 그럴 때 얘네들은 벌써 쉬르레알리즘으로 전환한 거야. 혁명기에 현대화를 그리고 있었던 거지"라고 또랑또랑하게 말하는 팔순이 훨

씬 넘은 이 여인을 보라. 김현경이 꼭 김수영의 아내가 아니었더라도 충분히 그리고 누구나 단박에 빨려들게 하는 매력덩어리가 아니겠는가. 김현경은 최근에 내가 본 여인들 중에 최고의 여인이었다! 이제 나는 김현경 없는 김수영은 생각할 수 없게 되었다. ●

김현경

시인 김수영의 부인 ● 고등학교 때 처음 김수영을 만났고
1949년부터 결혼생활을 시작한 이래 가장 가까운 친구이자 아내로
김수영의 예술 세계를 함께 지탱한 협력자다. ● 2008년
김수영 작고 40주기를 맞아 미발표 시 15편과 일기 30편을
공개했다. ● 최근에는 우리 문학의 유산을 보존하는 일의
중요성을 알리는 데 노력을 기울이고 있다. 아직까지 마땅한
전시공간이 없어 김수영 시인이 생전에 쓴 육필원고들과 손때 묻은
물건들을 손수 보관하면서 겪은 어려움이 적지 않기 때문이다.
더 늦기 전에 김수영을 비롯, 이상과 박태원, 임화 등 우리
작가들의 소중한 자료를 보존하는 일에 더 많은 관심이 모이길
간절히 바라고 있다.

『김수영 전집』, 김수영 지음, 민음사, 2003
계간 『문학동네』, 2008년 여름호

타지에서 온 소녀가 건넨 선물

한나 아렌트

요즘 나는 평소에는 일주일에 한번이나 접속할까 말까 하는 인터넷에 들어가 뉴스를 보느라 거의 '정신이 없을 지경'이다. 밤을 꼬박 새는 날도 있다. 촛불집회 때문이다. 촛불집회는 이상한 마력이 있다. 한 시간만 지나도 지금 상황이 어떤지 궁금해서 저절로 인터넷을 켜게 만드니 말이다. 그 덕분에 써야 할 글은 잔뜩 밀려 있다. 글을 써야 먹고사는 사람이 이러고 있으니 말 그대로 생업을 접었다고나 해야 할까. 인터넷 뉴스로 생중계되는 촛불집회

소식을 보면서 내내 머릿속을 맴도는 사람이 있었다. 한나 아렌트라고 불리는 요한나 아렌트. 특히 시위대와 전경들 간의 과격공방 끝에 나온 천주교 사제단의 미사와 침묵시위를 보면서 더욱 그랬다. 한나는 그녀의 스승이자 오랜 친구인 칼 야스퍼스에게 이런 편지를 써 보냈다.

모든 것이 대단히 이상적이었고 광적이지 않았어요. 뚫고 지나갈 수 없을 정도로 사람들이 가득 차 있었습니다. 그러나 소리를 치는 사람도 연설을 하는 사람도 없었습니다. 그런데도 그것이 일종의 대중의 행사였어요. 진정한 토론과 정보. 대단히 마음이 편했어요.

또 이런 구절은 어떤가. 자살한 그녀의 친구 소설가 랜달 재럴에 관한 회고록 중의 한 구절이다.

어쨌든 랜달은 그 빛나는 미소 외에는 자신을 세상으로부터 보호할 수 있는 것이 아무것도 없었다. 그리고 그 미소 뒤에는

아주 커다란, 순수한 용기가 숨어 있었다.

시위자들이 지난 두어 달 동안 그래왔던 것처럼 구호를 외치려고 하자 사제단의 김인국 신부는 부드럽게 그저 '살인미소'만으로 행진을 하자고 했다고 한다. 한나의 해석에 따르자면 김인국 신부가 말한 그 '미소'야말로 아주 커다란, 순수한 용기를 품고 있는 것이니, 달리 무슨 말이 필요하겠는가.

한나 아렌트는 누구인가. 보수주의자인가? 자유주의자인가? 시인인가? 철학자인가? 정치사상가인가? 이런 질문에 아렌트는 프리드리히 실러의 시를 인용해 대답한다.

"모르겠습니다……. 나는 사실 지금 그렇기도 하거니와 '타지에서 온 소녀' 같은 느낌입니다."

아, 정말 한나 아렌트는 누구인가? 나 또한 실러의 시 구절을 빌려와 아렌트, 그녀를 이렇게 말하고 싶다.

"이 사람에게는 과일을, 저 사람에게는 꽃을, 소년에게

도 지팡이를 짚은 노인에게도 가장 아름다운 선물을 나눠 준 사람"이라고.

우리 같은 후세사람에게 그녀가 준 선물이라면 바로 '마지막까지 충실을 지킨' 삶의 자취와 그녀가 남긴 저작들이라 할 수 있을 것이다.

한나는 1906년 독일에서 태어난 유태인이다. 1924년, '밥벌이가 되기는커녕 배를 쫄쫄 곯게 하는 공부'를 택하려던 차에 마르부르크에서 공부하고 있던 지인에게서 "박식함을 어려운 말로 과시하는 것이 아니라 그 반대로 다른 교수들이 불친절하게 이야기하는 내용을 정말로 알기 쉽게 설명해주는" 한 철학강사에 대한 얘기를 듣고 한나는 그에게 배우기 위해 어머니가 재혼해서 사는 가난한 집을 떠났다. 그 철학강사는 바로 철학자 마르틴 하이데거였다. 그리고 한나와 하이데거는 사제이자 연인으로 발전했다. 1927년 하이데거가 쓴『존재와 시간』은 젊은 연인 한나 아렌트를 향한 열정과 '그의 진정한 정열인 고독'이 빚어낸

저술이었다. 나중에 하이데거가 히틀러의 국가사회주의당에 참여하면서 한나의 비판을 받게 되지만 하이데거와 한나는 평생 동지이자 연인 관계를 유지했다. 경제적 궁핍을 구실 삼아 히틀러가 수상으로 지명되었고 히틀러가 속한 국가사회주의자들은 반유태주의를 내세웠다. 반유태주의의 위험성을 알리는 사람들은 체포되어 '영원히 사라졌다'. 어느 날 한나도 어머니와 함께 체포되었다. 담당형사인 '매력적인 젊은이'에게 잘 보여서 가까스로 경찰서를 벗어난 한나는 의붓아버지와도 사별하여 혼자가 된 어머니 마르타 아렌트와 함께 1933년, 불법으로 '녹지국경'을 넘어 도피지원 조직원의 도움을 받아 프라하, 제노바, 제네바를 거쳐 파리로 갔다. 한나의 첫 남편 귄터 슈테른은 이미 미국으로 이민을 간 후였다. 파리에서 다른 망명자 친구들과 만나는 와중에 한나는 "감상적이지는 않지만 대단히 마음이 따뜻한" 하인리히 블뤼허를 만나게 된다. 한나는 하인리히와 함께 평생을 "그녀가 자신의 중요한 부분을 더 이상 부정하지 않아도 되는 사랑"을 하게 된 것이

다. 사실 하이데거와의 사랑에서 한나는 "연상의 세상경험 많은 선생이자 애인에게서 발판을 발견하기를 희망하며 바싹 붙어 있는 자신"을 발견했는데, 사실 그것은 발판이 아니라 종속성임을 알고 있었던 것이다. 한나가 하인리히에게 보낸 편지 한 구절을 보자.

당신을 만났을 때 마침내 나는 더 이상 불안하지 않게 되었어요. (…) 여전히 나로서는 '큰 사랑'과 고유한 자신과의 정체성, 이 두 가지를 함께 얻을 수 있다는 것이 믿어지지 않아요. 그리고 고유한 자신을 갖게 되고부터 '큰 사랑'을 갖게 되었어요. 이제 나도 드디어 행복이 무엇인지 알게 되었어요.

1941년 나치 치하에서의 고난을 피해 아렌트는 그녀의 두 번째 남편이자 평생의 '꼬마아저씨'가 되는 하인리히 블뤼허와 함께 미국으로 망명했다.

한나는 1950년 그녀의 기념비적 저작 『전체주의의 기원』Elemente und Ursprünge totaler Herrschaft을 출간했다. 한나는

전체주의의 무서운 속성 중의 하나를 '완전한 무의미성'이라고 갈파한다. 그 절대적 무의미성이 가장 끔찍하게 훈련된 곳이 바로 나치의 강제수용소였다. 한나는 말했다.

"철저한 악의 본질은 인간을 벌에 처할 수도 없고 용서할 수도 없는 데 있다."

1951년 조지프 매카시 상원의원에 의한 이른바, '매카시 선풍'이 불 때 공민권이 박탈될 위험이 있었지만 한나는 일찍이 『전체주의의 기원』에서 설파했듯이, "현실을 미래에 있을 어떤 추상적 목표에 맞추려는 이념이 숨어 있는" 시도를 비난하는 논설을 발표했다. 그녀의 지적인 용기는 개인적 안전에 대한 불안을 극복하고 공동의 세계를 염려하는 것을 뜻했다.

촛불시위가 한창인 대한민국의 초여름, 용기란 세계의 자유를 위해 목숨에 대한 걱정으로부터 해방되는 것임을 가르쳐준 한나 아렌트가 유독 그립다. '타지에서 온 소녀' 한나 아렌트는 1975년, 69세를 살고 세상을 떠났다. ●

한나 아렌트

정치철학자 · 사회운동가 ● 본명 요한나 아렌트Johannah Arendt.
부유한 유태인 가정에서 태어났지만 일곱 살에 아버지를 여의었다.
현실정치에 민감했던 어머니의 영향 아래 사회민주주의를 지지하며
로자 룩셈부르크의 열렬한 지지자가 되었다. 또한 '선입견
없이 모든 가능성을 다 지닌 교육'을 받으면서 어린 시절부터
철학에 관심을 갖기 시작했다. 마르부르크 대학, 하이델베르크
대학과 프라이부르크 대학에서 철학, 신학, 그리스어를 공부하며
철학자들과 교류했다. ● 제2차 세계대전 동안 파리 도피 생활을
거쳐 미국으로 망명하여 자신만의 방식으로 사회운동에 참여했지만
행동주의자이기보다는 사유하는 철학자로서의 입장을 고수했다.
국가사회주의, 즉 나치를 연구한 『전체주의의 기원』이라는
기념비적인 저서로 학자로서 인정받기 시작했으며, 유태인 학살
주범인 아돌프 아이히만의 재판을 지켜보고 쓴 『예루살렘의
아이히만-악의 평범성에 대한 보고서』를 통해 '사유 없는' 맹목적
행동을 비판하며 세계인의 주목을 받았다.

『한나 아렌트』, 알로이스 프린츠 지음, 김경연 옮김, 여성신문사, 2000

선각자는 시대를 앞서 살아서 불행했다

나혜석

나는 지금 '작가' 나혜석의 단편 「경희」를 막 읽고 난 참이다. 작가 나혜석이라니? 나혜석은 사람들이 익히 알고 있듯이 화가다. 그러나 이미 발굴된 단편 「경희」를 포함하여 미발굴작 「정순」 그리고 시, 희곡, 평론, 수필, 여행기 등을 쓴 엄연한 작가이기도 하다.

사람은 너무 억울한 모순 중에 칩복蟄伏하여 있다. 그의 정신은 영원히 자라갈 수 있고, 그의 이상은 무한으로 자아낼 수

있으나 오직 그의 생명의 시간이 유한 중에 너무 단촉하고 그의 정력이 무능 중에 너무 유한되다. 이렇게 무한적 정신에 유한적 육신으로 창조해낸 조물주도 생각해보니 너무 할 일이 없는 듯싶어 이에 자식을 내리사 너 자신이 실행하다가 못한 이상을 자식에게 실현케 하라 한 듯싶다.

작가 나혜석이 쓴 수필, 「모母된 감상기」의 한 구절이다. 「내가 어린애 기른 경험」을 보면 작가도, 화가도 아닌 '엄마' 나혜석의 아이 기르는 모습이 실감나게 표현되어 있다.

나는 우리 나열이가 세 살 먹었을 때 밥 먹을 때마다 가르쳤습니다. "어머니는 진지 잡수시고 아버지도 진지 잡수시고 나열이는 밥 먹고 동생도 밥 먹고", 집안사람대로 위아래를 구별하여 이렇게 가르쳤습니다. (…) 제일 처리하기 어려운 것은 말리는 것을 듣지 않고 우는 것입니다. 이런 때는 매를 때리는 수밖에 없습니다. 어느 생리학자의 말을 들으니 어린애를 한

번 때리면 순환하던 피가 변색이 되고 그만치 뇌에 해가 된답니다. 나는 이것을 알면서도 때때로 때립니다. (⋯) 어쩌면 때리지 않고 이르지 못할까 하는 데까지는 내 힘으로는 알 수가 없습니다.

이 글이 발표된 때는 1926년이다. 1920년대의 엄마 나혜석이나 자식 때문에 끓는 속을 어쩌지 못해 매번 '주먹이 운다'는 2000년대의 엄마들이나 자식을 때리지 않고 가르칠 방법을 몰라 안타까워하기는 마찬가지다.

정월晶月 나혜석은 근대 최초의 여성 서양화가이고 작가이며 여성해방론자다. 이구열이 쓴 나혜석 일대기 『에미는 선각자였느니라』라는 책 제목에서도 알 수 있듯이, 그리고 나혜석의 글 곳곳에서 읽을 수 있듯이, 나혜석은 당대 지식인 여성들 중에서도 가장 선각자적인 여성해방론자였다. 아니, 단순히 여성해방이 아닌 인간을 억압하는 것에 맞선 가장 순수한 예술혼의 소유자였다. 『매일신보』

기자가 묘사한 1930년 6월 나혜석의 모습이다.

　방에서 바느질을 하고 있던 그는 기자가 방문하였다는 소리
에 나와 맞아주었다. 얼굴…… 눈…… 코…… 입…… 몸……
내가 상상한 그와는 조금도 같지 않았다. 하여간 내가 상상한
씨보다는 더 한층 진중하고, 또 부드러우며 애정이 있었다. 어
딘지 말할 수 없이 따뜻한 곳이 있었다. 겉으로는 아무 재미가
없는 듯 같으면서도 깊이 들어갈수록 새록새록 재미있는 그이
었다.
　그 풀린 듯하면서도 정기가 흐르는 눈은 여류작가로, 또 화
가로, 가정주부로의 모든 수완과 재질이 있다는 것을 말하는
듯하였다.

세간에는 정월이 소위 '부적절한 연애사건'으로 이혼을
'당한' 불우한 예술가쯤으로 '각인'되어 있는 듯하다. 그
리하여 탁월한 화가로서, 명민한 작가로서, 네 아이의 따
뜻한 엄마로서, 끊임없이 부당한 억압에 맞서 자신의 의

선각자는 시대를 앞서 살아서 불행했다 ──────

견을 과감히 개진했던 인간해방론자로서의 정월의 존재는 그다지 주목을 받지 못했던 것 같다. 정월이 살았던 당대 야 이혼이 사건이 될 만한 시대여서였다고 쳐도 지금에서 도 정월이 예술가로서 사상가로서 전혀 불편부당한 편견 없이 평가되고 있는가, 다시 생각해보게 된다. 그런 면에 서 나혜석은 "여성화가로서, 여성해방론자로서 그리고 여 성작가로서 언제나 자신이 내딛는 한 걸음의 진보가 조선 여성의 진보가 될 것이라는 자의식을 뚜렷하게 가지고 있 었다"고 평가한 국문학자 이상경의 나혜석에 대한 평가는 참으로 옳은 해석이다.

익히 알려진 대로 나혜석은 나중에 천도교 도령이 되는 최린과 구미 여행 중에 발생한 염문으로 이혼을 하게 된 다. 이혼 후 나혜석은 「이혼고백장」, 「신생활에 들면서」라 는 글을 통해 '정조'의 양성평등을 주장한다.

조선 남성 심사는 이상하외다. 자기는 정조관념이 없으면서

처에게나 일반여성에게 정조를 요구하고 또 남의 정조를 빼앗으려고 합니다. (…) 이 어이한 미개명의 부도덕이냐. 이 어이한 모순이냐. 상대자의 불품행을 논할진대 자기 자신의 청백할 것이 당연한 일이거늘, 남자라는 명목하에 이성과 놀고 자도 관계없다는 당당한 권리를 가졌으니 사회제도도 제도이려니와 몰상식한 태도에는 웃음이 나왔나이다……

정조는 도덕도 법률도 아무것도 아니요 오직 취미다. 밥 먹고 싶을 때 밥 먹고, 떡 먹고 싶을 때 떡 먹는 것과 같이 임의용지任意用志로 할 것이요, 결코 마음의 구속을 받을 것이 아니다.

이 글이 발표된 때가 1930년대 중반이니 지금으로부터 80여 년 전이다. 갖은 이유로 남편들이 '첩'을 두는 것이 아무렇지 않게 받아들여지던 시대, 유독 여성에게만 정조가 강요되어 정조를 잃은 여성은 목숨을 잃은 것과 똑같이 인식되던 시대에, 자신의 이혼의 내막과 양성평등을 주장하는 말과 글을 거침없이 개진한 나혜석은 의식과 생활

이 일치한 선각자 그 자체다. 그런데, 모든 선각자들의 삶이 그러했듯이 나혜석 또한 당대에 불행할 수밖에 없었다. 나혜석은 1937년 무렵부터 해방될 때까지 친구인 김일엽 스님이 있는 예산의 수덕사 밑 수덕여관에 기거하면서 병중에도 그림을 그렸다고 한다. 1948년 겨울 나혜석은 서울의 시립자제원 무연고자 병동에서 싸늘한 시체로 발견되었다. 따스하고 아름다운 한 예술인은 그렇게, '정조'를 지키지 못한 죗값(?)을 죽음으로 치렀다. 그리고…… 혹시 유형무형의 '정조죄'는 이 시대에도 계속되고 있지 않은가? ●

나혜석

羅蕙錫, 1896~1948

화가·작가　●　경기도 수원의 부유한 관료 집안에서 태어났다.
1913년 도쿄사립여자미술학교로 유학, 유화를 전공했다. 한국
최초 여류서양화가의 삶을 시작한 나혜석의 인생은 곧 조선미술의
역사이기도 하다. 문학에도 재능이 있어 유학시절 「이상적
부인」이라는 글을 발표, 1918년 귀국 후에도 여성의식이 뚜렷한
작품으로 두각을 나타내면서 시인 오상순과 김억, 소설가 염상섭
등과 『폐허』 동인을 구성했다.　●　유학시절 만난 최승구와의
사랑이 좌절된 뒤, '그림 그리는 일을 방해하지 말 것, 평생
변치 않는 사랑을 줄 것, 전실 딸과 시어머니와는 따로 살 것'
등 당시로서는 파격적인 약속을 받아내며 1920년 김우영과
결혼했다. 1921년에는 조선 여성으로서는 처음으로 개인전을
열어 6,70여 점의 작품을 전시, 대중과 언론의 관심을 한몸에
받았다.　●　1927년 남편 김우영과 프랑스를 비롯한 구미일주에
나서 새로운 문물과 그림 세계에 눈떴다. 파리에 가기 이전에는
사실적인 수법으로 인물과 풍경을 그렸으나 이후 야수파와
표현파의 영향을 받아 참신한 수법을 보였다. 대표작으로 파리에서
그린 〈무희〉, 〈스페인 해수욕장〉 등이 있다.

『에미는 선각자였느니라』, 이구열 지음, 동화출판공사, 1974
『정월 라혜석 전집』, 서정자 엮음, 국학자료원, 2001

선각자는 시대를 앞서 살아서 불행했다 ──────

말할 수 없이 기이하고, 말할 수 없이 따뜻한

프리다 칼로

사람은 살아가면서 몇 번의 '자기혁명'을 이룰 수 있을까. 그리고 '자기 안의 혁명'은 어떻게 이루어지는가. 한 마리 누에가 실을 뽑아 고치집 속으로 스스로 들어가서 부화하여 나비가 되고 나비가 다시 누에라는 애벌레가 되는 과정만큼이나 드라마틱한 게 혁명이라면, 그 드라마틱한 혁명에는 무엇이 수반되는가. 그것은 고통이 아니겠는가. '철저한 자기부정'에는 용기가 필요하고 용기를 낸다는 것은 고통스러운 일임에 틀림없다. 그러나 삶이란, 용기와

고통 없이는 결코 새로워질 수 없는 것을. 고통 속에서 용기라는 실을 뽑아낼 줄 아는 사람은, 그러므로 그 삶이 어떤 형태였건 간에 위대한 것이다.

　그 생애 앞에 '위대한'이라는 수식어를 붙이는 것이 전혀 어색하지 않은, 그리고 전혀 상투적이지 않은 한 사람이 있다. 프리다 칼로. 나는 언젠가, 내가 프리다 칼로라는 한 위대한 삶을 알기 전에, 어떤 끔찍한(?) 그림을 마주하고서는 소스라친 적이 있다. 그림만 보고서 나는 그 그림을 그린 프리다 칼로라는 한 생애와 내가 마주할 것이 겁이 났다.

　나는, 그러니까 말할 수 없이 기이하고 그러나 그 기이한 그림들이 말할 수 없이 따뜻한 이유를 알게 되는 순간을 아껴두고 싶었던 건지도 모른다. 아끼고 아끼는 사람을 우리는 쉽게 마주하고 싶지는 않은 것이니까. 내가 봤던 끔찍한 그림의 제목은 〈부서진 기둥〉이다. 온몸을 결박하듯 밧줄 같은 흰 끈으로 칭칭 동여맨 맨몸 안으로 목에서부터 드리워진 쇠기둥과 온몸에 박힌 쇠못을 바라보고 있

자면, 그 누구라도 찌르는 통증을 느낄 수밖에 없으리라. 프리다의 통증은 나의 통증이 되어 내 삶을, 내 안온한 사람을 일깨운다. 당신, 지금 당신의 인생을 잠재우고 있지는 않은가. 혁명의 시간을 놓치고 있지는 않은가.

눈썹은 일자로 이어져 있고, 육감적인 입술 위에는 콧수염 자국이 있으며, 꼬리가 약간 올라간 아몬드형의 눈에 유난히 검은 눈동자를 가졌고, 표범과 같이 상대방을 꿰뚫어 보는 듯한 시선과 거칠고 쉰 듯한 격렬한 어투로 비속어를 즐겨 쓰던 여인. 멕시코 전통의상을 즐겨 입어서 뉴욕 거리를 걸어가면 아이들이 그녀에게 어디서 서커스 공연을 하느냐고 물어댔던, 이 아름답고 꼿꼿하고 어딜 가나 여왕 같았던 여인의 운명을 결정지은 바로 그날의 교통사고는, 공교롭게도 그녀가 첫사랑 알레한드로와 함께 있던 순간에 일어났다.

1925년 9월 17일 오후, 멕시코 독립기념일 바로 다음 날이었다. 그녀 나이, 겨우 열여덟 살 때 일어난 일이다. 이

사고로 프리다의 육체는 이렇게 '망가졌다'! "등뼈, 골반, 어깨, 왼쪽 다리가 부러지고 오른발은 으깨졌으며, 버스의 쇠 난간이 옆구리를 뚫고 들어가 질로 빠져나왔다." 프리다는 병원에 있는 동안 사고현장에 함께 있었던 연인 알레한드로에게 끊임없이 편지를 보내는 한편 본격적으로 그림을 그리기 시작했다. 고통의 한가운데서 본격적으로! 그래서 사람들은 프리다가 사고를 당한 것은, 어쩌면 운명인지도 모른다는 말을 하게 되었던 것이다.

프리다의 그림은 '생존을 위한 투쟁임과 동시에 자기창조'였다. 극심한 육체적 고통 속에서 생존을 위한 사투를 벌이는 모든 사고와 모든 행위는 그림을 낳았고, 나아가서 프리다는 '자기 자신을 잉태한 유일한 화가'가 될 수 있었다. 피를 흘리며 이제 마악 프리다 자신으로부터 빠져나오는 프리다를 형상화한 〈나의 탄생〉은 말하자면, 고통 속에서 프리다가 탄생시킨 또 다른 프리다인 셈이다. 그래서 프리다의 친구인 사진작가 롤라 알바레스 브라보는 이렇게 말했다.

〈부서진 기둥〉, 1944년, 캔버스에 유채, 40×30.7cm,
돌로레스 올메도 컬렉션, 멕시코시티

프리다는 사고 당시 이미 죽은 것이나 마찬가지다. 두 명의 프리다가 항상 싸우고 있었다. 하나는 죽은 프리다이고, 하나는 살아 있는 프리다이다. 프리다는 사고 후에 부활했다.

결혼하고 별거하고, 다시 동거하고 별거하고 이혼하면서도 평생 동안 서로에게 없어서는 안 될 존재였던 프리다와 디에고 리베라가 처음 만난 날, 프리다는 그림을 들고 디에고가 벽화를 그리고 있는 교육부 건물 앞으로 갔다. 사고에서 회복될 무렵 프리다는 자신이 그린 그림을 아는 사람들에게 보여주기 시작했고, 나아가 당대 최고의 벽화가인 디에고의 평가를 듣고 싶어졌다. 프리다는 한창 벽화에 몰두해 있는 디에고에게 소리쳤다.

"디에고, 내려와요."

무슨 일인지 디에고는 누구보다 겸손하고, 누구보다 다정하게 작업대에서 내려왔다.

"이봐요. 당신이 바람둥이라는 걸 알지만, 나는 수작을 부리러 온 게 아니에요. 내 그림을 보여주러 왔어요. 흥미

가 있으면 있다고, 아니면 아니라고 말해줘요. 그래야 다른 일을 찾아서 부모님을 도울 수 있으니까."

"자, 일단 나는 당신의 그림에 매우 흥미가 있어요. 집에 가서 그림을 그리세요. 그러면 내가 다음 주 일요일에 가서 보고 느낀 점을 말해줄 테니까."

디에고는 약속을 지켰다. 그로부터 1년 후 스물두 살의 프리다는 마흔네 살의 디에고 리베라의 세 번째 아내가 되었다. 두 사람의 결혼을 두고 프리다의 가족은 "코끼리와 비둘기의 결혼"이라고 표현했다. 프리다 칼로와 디에고 리베라의 결혼생활은 그보다 더 환상적인 결합이 없고, 그보다 더 참혹한 결합이 없다고 할 만했다. 디에고가 프리다의 여동생 크리스티나와 연애를 하고 프리다가 멕시코로 망명 온 레온 트로츠키와 열애를 하는 과정을 겪으면서, 프리다와 디에고 부부는 공존과 자유라는 생활양식을 확립했다. 프리다가 숨지기 전에 디에고는 네 번째 아내를 맞을 준비를 하고 있었지만, 그는 여전히 프리다를 사랑했다.

프리다는 죽기 전, 평생 동안 멕시코 전통의상으로 가렸

던 다리를 절단하는 수술을 받았지만 죽는 순간까지 테우아나 치마 속에서 아름다웠다. 고통 속에서 혁명적으로 아름다웠던 화가 프리다 칼로는 죽는 순간, 자신의 삶을 향해 이렇게 썼다.

'비바 라 비다Viva La Vida!' 해석하면, '인생 만세!'

아, 프리다 칼로 만세! ●

프리다 칼로

화가 ● 사진작가인 독일인 아버지와 멕시코 태생 어머니
사이에서 태어났다. 일곱 살 때 소아마비에 걸려 다리를 절었고,
열여덟 살 때에는 큰 교통사고를 당했다. 이 사고로 인해 평생
30여 차례의 수술을 받는 등 불구의 몸으로 살아야 했지만,
정신적·육체적 고통을 독특한 작품세계로 승화시키면서 자신만의
예술세계를 확립해나갔다. ● 스물두 살에 멕시코의 천재화가
디에고 리베라와 결혼했고, 그와의 인연은 평생에 걸쳐 프리다에게
지대한 영향을 미쳤다. ● 프리다 칼로는 약 50여 점에 이르는
'자화상'을 남겼다. 자신의 치부와 경험을 숨기지 않고 예술로
형상화하여 극심했던 신체적 고통을 치유하려 한 것이다.
멕시코 특유의 화풍을 구축하여 페미니즘 미술의 싹을 틔운
선구자로 평가받는다. 멕시코를 대표하는 화가이지만, 평생 동안
단 한 번의 전시회를 열었다.

『나, 프리다 칼로』, 프리다 칼로 지음, 이혜리 옮김, 다빈치, 2004

'터질 듯이 노래한' 소문난 여자

김추자

아제는 월남을 갔다 왔다. 아제는 그때까지 내가 본 얼굴 중에 가장 시커멨다. 아직 흑인을 본 적이 없었으니 아제의 시커먼 얼굴은 내게 아주 기이하게까지 보였다. 윗도리를 벗은 아제의 어깨는 굵은 근육질이었다. 온통 까만 목 위로 늘어진 하얀 군번표가 이색적이었다. 아제는 또래의 청년들과 함께 밤이면 주막에 갔다. 주막에서 술을 마시며 노래를 부르며 춤을 췄다. 나는 그때 처음 들었다. 그 노래, '월남에서 돌아온 새까만 김 상사'를. 그 노래의

작사가는 정말로 우리 동네를 너무나 잘 아는 사람 같았다. 노랫말이 어쩌면 그다지도 우리 아제가 제대하고 돌아온 날과 똑같단 말인가.

> 월남에서 돌아온 새까만 김 상사
> 이제사 돌아왔네

'김 상사'에서 성과 계급만 바꿔 부르면 된다.

> 말썽 많은 김 총각 모두 말을 했지만
> 의젓하게 훈장 달고 돌아온 김 상사
> 동네 사람 모여서 얼굴을 보려고 모두 다 기웃기웃
> 우리 아들 왔다고 춤추는 어머니 온 동네 잔치하네
> 폼을 내는 김 상사 돌아온 김 상사 내 맘에 들었어요
> 믿음직한 김 상사 돌아온 김 상사 내 맘에 들었어요

노래에 나온 풍경과 우리 아제가 돌아오던 날의 풍경은

'터질 듯이 노래한' 소문난 여자 ────

백프로 일치한다. 동네 처녀들은 아제 얼굴을 보려고 얼굴이 잔뜩 상기되어서 담장을 기웃기웃하고 동네잔치가 벌어지고 아제는 폼을 내며 돌아다니고……

그렇지만 나는 아제와 아제의 친구들이 주막집에서 춤을 추며 부르던 그 노래를 부른 가수가 누구인지, 그때는 몰랐다. 왜냐하면 우리 동네엔 그때까지 텔레비전이 없었기 때문이다. 그래서 내게 〈월남에서 돌아온 김 상사〉라는 노래는 아주 오랫동안 김추자의 노래가 아니라 우리 아제의 노래로 여겨졌다. 지금도 그 노래를 듣거나 부르다 보면 김추자보다 우리 아제가 먼저 생각나니까.

어쨌든 시골 총각들에게 그 노래, 춤을 추지 않을 수 없게 한 노래를 부른 김추자라는 가수를 내가 안 건, 아이러니컬하게도 그녀가 결혼을 하여 가요계를 완전히 떠난 후였다. 고등학교 다닐 때 친구 집에 갔는데 친구 언니가 턴테이블 위에 엘피판을 얹었다. 1980년 5월 직후였다. 〈월남에서 돌아온 김 상사〉를 아제를 통해 처음 들었던 것처럼, 그리고 그 노래를 아제와 아제 친구들이 부르는 것만

으로도 충격을 받았던 것처럼, 나는 〈꽃잎〉이라는 노래도 그때 친구 집에서 처음 들었고, 처음 듣는 그 순간에 그만 그 노래에 푹 빠져들고 말았다. 나는 그 노래를 듣고 또 들었다. 들어도 들어도 질리지 않고 가슴 한쪽이 싸아해지는 그 느낌이 나는 좋았다.

꽃잎이 지고 또 질 때면 그날이 또다시 생각나 못 견디겠네
서로가 말도 하지 않고 나는 토라져서 그대로 와버렸네
그대 왜 날 잡지 않고 그대는 왜 가버렸나
꽃잎 보면 생각하네 왜 그렇게 헤어졌나

그 노래는, 이성을 사랑해본 적도 없던 나에게, 마치 무척 사랑한 사람하고 어이없게 헤어진 것만 같은 느낌을 불러일으켰다. 그러면서 눈물이 났다. 그 노래를 들은 후부터, 사람들이 꽃이 피거나 꽃이 질 때 그냥 지나가지 못하고 그 앞에서 피는 꽃과 지는 꽃을 바라보는 것은 어쩌면 그렇게 이별의 말도 못 하고 헤어진 사람이 생각나기 때문

인 게라고 여겨졌다. 이별할 준비도 안 돼 있는데 어쩔 수 없이 이별을 하고 만 경우란 어떤 경우일까.

광주에서 자취하던 그 시절, 꽃잎을 들으며 꽃잎을 보며 내가 그리 슬퍼했던 연유를 나는 그때는 몰랐다. 그러다가 십수 년이 지나 한참 나중에 〈꽃잎〉이라는 영화에서 배우 이정현이 가냘프게 부르는 노래 〈꽃잎〉을 들으며 나는 그때, 1980년 5월 직후에 내가 〈꽃잎〉이라는 노래를 들으며 슬퍼했던 것을 기억해냈다. 그러면 그 영화를 만든 장선우도 나와 같은 심정이었을까. 노래 〈꽃잎〉을 들으며 문득 1980년 5월에 저세상으로 간 사람들이 떠올랐던 것일까. 꽃잎이 서러운 건, 너무 아름다워서일 것이다. 너무나 아름다운데 또 너무나 쉽게 지는 게 꽃잎이라서.

김추자가 불렀던 노래들과 내가 맺었던 인연들에 대해서 말하다가 결국 김추자에 대해서 말하는 게 늦어지고 말았다. 김추자라는, 요즘 식으로는 촌스러운 이름을 가진 가수는 1969년 〈늦기 전에〉라는 노래로 데뷔했다. 그 유

명한 예인藝人, 신중현에 의해서였다. 이 노래는 이준익 감독의 영화, 〈님은 먼 곳에〉의 주인공 배우 수애가 영화 초반부에 동네 아줌마들 앞에서 부르는 것으로 젊은 사람들에게도 알려지게 되었다. 김추자의 노래는 사실 많은 가수들에 의해서 리메이크되었다. 가령 〈빗속의 여인〉 같은 노래는 나중에 조관우라든가 김건모가 리메이크해 불렀지만, 김추자가 부르는 〈빗속의 여인〉만큼 '쇼킹'하지는 않다. 특히, "잊지 못할 빗속의 여인, 그 여인을 잊지 못하네에~" 하면서 뒤로 길게 잡아끄는 요상한 목엣소리란! 자기 자신의 노래에 대한 감정을 최대한 자기 식으로 해석하여 백퍼센트 발산하는 그녀에게 열광하지 않을 사람은 이 세상에 아무도 없을 듯하다. 그녀는 단순히 노래를 잘하는 가수가 아니라, 누구 눈치 볼 것도 없이 세상 이목 꺼리지 않고 자기 식으로 해석해서 자기 식대로 소화하여 자기 식대로 발산해내는 가수였다.

나는 그렇게 멋있는 김추자를 정작 그녀가 활동하던 1970년대엔 텔레비전이 없어 못 보고 나중에, 아주 나중에

우연히 그녀의 노래를 듣고, 또 그보다 훨씬 나중에 그녀에 대한 풍문을 듣고서 그녀에게 열광하기 시작했다. 나는 그녀가 마치 '꽃잎'같이 느껴졌다. 아주 짧은 동안 붉은 꽃을 피우다가 어느 한순간에 져버린, 동백꽃잎 같았다.

김추자는 1951년 춘천에서 태어났다. 춘천여고에 다닐 때 '향토제'라는 행사에 나가 〈수심가〉를 불러 3등에 입상하였다 한다. 여고시절 기계체조 선수로도 활동했고, 응원단장은 맡아놓고 했다 한다. 대부분의 지방 도시들이 그렇듯, 춘천 또한 너무나 '좁은' 도시인지라, 그 시절 춘천여고생 김추자는 꽤나 유명했을 듯싶다. 춘천고 미술선생에게 모델 제의를 받아 춘천고 교정에 들어선 여고생 김추자에게 쏟아진 남학생들의 환호, 휘파람소리를 상상해보라. 그런 발랄한 여고생이 〈수심가〉를 부르다니, 의외이다 못해 발칙하게까지 여겨진다. 배뱅이굿으로 유명한 이은관도 그녀의 〈수심가〉 소리를 칭찬해 마지않았다는데, 그녀의 데뷔곡 〈늦기 전에〉를 들어보면, "그대가 늦어지면 내

마음도 다시는 찾을 수 없어요오오오오"하는 부분에서 민요가락이 느껴진다. 아닌 게 아니라 '사이키델릭 소울'이라는 수사가 붙는 그녀의 창법이란 기실 배 속 깊은 곳에서 끄집어낸 〈수심가〉의 호흡 긴 소리 이력이 그 바탕에 깔려 있어서 가능했던 것이 아닌가 싶다.

지방 도시의 유복한 딸부잣집 막내딸로 나름 '화려한' 여고시절을 마감하고 동국대 연극영화과에 진학한 김추자는 교내 노래자랑대회에서 1등을 하고 그 길로 신중현을 찾아가 절치부심 끝에 〈늦기 전에〉를 받고 드디어 가수가 되었다. 1969년에 데뷔하여 1971년까지 3년 동안 무려 12장이라는 앨범을 발표하며 일약 스타로 떠올라 당대 최고의 가수로 활동하였다. 그러던 중 1975년 12월 5일 '연예계 풍토 정화'라는 명목으로 대마초 연예인 일제단속에 걸려 서대문구치소에 20일간 수감되었다가 '가수활동 전면금지' 처분을 받고 풀려나는 '비운'을 맞게 되었다.

이후 1978년에야 『엘레강스』라는 잡지를 통해서 가수활동이 금지된 가수 김추자의 근황을 알 수 있었다.

'터질 듯이 노래한' 소문난 여자 ─────

단칸 전세방에 냉장고 하나 쌀통 하나 놓고 행복하게 사는 모습이 너무너무 부러워 그런 서울 변두리에 사는 친구들 찾아 조용조용 담소하는 것을 낙으로 삼았다.

영화 〈고고 70〉을 보면 그 시절의 풍경을 어느 정도 짐작할 수 있을 것이다. 심지어 김추자는 '간첩'이라는 웃지 못할 소문까지 나돌았다. 그녀가 〈거짓말이야〉를 부르며 하는 손짓이 간첩과의 수신호라는 것이었다. 일반 백성들이야 풍문으로만 듣다가 나중에 최고 권력자의 시해 현장에서 두 젊은 여성의 합석 사실을 확인했던 바이지만 김추자에게도 권력을 가진 사람이든 돈을 가진 사람이든, 어쨌든 힘을 가진 쪽으로부터의 유혹이 없지는 않았던 모양이다. 그런 유혹을 혹은 압력을 거절한 대가로 짐작되는 불운한 사건들 또한 있었던 모양이다. 거기다가 매니저로부터 소주병으로 얼굴을 난자당하는 불운까지. 대수술을 하고 붕대로 얼굴을 친친 동여매고도 김추자는 무대에 섰다니, 카리스마를 넘어 나는 그녀에게서 온몸으로 한 시대를

밀고 가는 한 거인을 느낀다.

김추자라는 한 거인 때문인지 나는 요즘의 한국 대중음악들이 영 양에 차지를 않는다. 늘 소문을 몰고 다니면서도 그 소문들에 개의치 않고 무대에 서서 '터질 듯이' 노래했던 김추자. 그녀는 분명히 1960년대에서 1970년대, 그 억압의 시대에 가장 대중적으로 그리고 가장 전위적으로 대중의 폭발욕구를 충족시켜준 가수였다. '대중가수란 바로 이런 것이다'라고 온몸으로 말해주고 어느 한순간 장렬하게 잠적해버린 그녀를 두고 그 후로도 오랫동안 사람들은 '담배는 청자 노래는 추자'라고들 말하며 아쉬워했는데, 그런 아쉬움, 온갖 추측과 억측을 내버려두고 철저하게 숨어버린 그녀에게 어느 날 기자가 전화를 했더니 그녀가 '하하하'도 아니고 '호호호'도 아니고 바로 이렇게 웃더라나.

"끌끌끌."

노래를 그렇게 불렀듯, 모든 소문들을 일거에 잠재우는 그녀만의 웃음소리가 아닐 수 없다. ●

김추자

가수 ● 강원도 춘천에서 태어났다. 춘천문화방송 합창단과
무용연구소, 노래학원 등을 다니며 음악적 재능을 키웠고 강원도
배드민턴 대표선수와 기계체조 선수로도 활동했으며, 이를
바탕으로 춘천여고 응원단장을 하는 등 어린 시절부터 이미
그 끼와 재능을 인정받았다. ● 1969년 동국대 연극영화과에
입학, 그해 작곡가 신중현에게 곡을 받아 〈늦기 전에〉와 〈월남에서
돌아온 김 상사〉가 수록된 데뷔앨범을 냈다. 1970년 동양TV
드라마 주제가로 쓰인 〈님은 먼 곳에〉가 크게 인기를 끌면서 당대
최고의 보컬리스트로 떠올랐다. ● 과감한 창법과 정열적인
춤, 패션 그리고 저항성 높은 행동으로 대중음악 분야에서 시대를
선도했으며 현재까지도 그 명성을 이어오고 있다. ● 1981년
결혼과 함께 활동을 중단, 1986년의 깜짝 리사이틀을 끝으로
연예계에서 모습을 감추었다.